Kinderzimmer

Fröhliche Einrichtungsideen
bis zum 10. Lebensjahr

Kinderzimmer
Fröhliche Einrichtungsideen bis zum 10. Lebensjahr

Judith Wilson
Fotografien von Debi Treloar

nicolai

Titel der englischen Originalausgabe:
Children's Spaces. From Zero to Ten

Senior designer **Louise Leffler**
Senior editor **Annabel Morgan**
Location manager **Kate Brunt**
Production director **Meryl Silbert**
Art director **Gabriella Le Grazie**
Publishing director **Alison Starling**

Stylist **Judith Wilson**

© 2001 der englischen Originalausgabe:
Text © Judith Wilson
Design und
Fotografien © Ryland Peters Small
Kirkman House
12–14 Whitfield Street
London WIT 2RP

www.rylandpeters.com

3. Auflage 2005
© 2001 für die deutschsprachige Ausgabe:
Nicolaische Verlagsbuchhandlung GmbH, Berlin

Aus dem Englischen von Birgit Herbst
Koordination, Redaktion und Lektorat: Gimlet & Partner, Köln
Satz: Greiner & Reichel, Köln

Umschlaggestaltung: Dorén + Köster, Berlin

Alle deutschsprachigen Rechte vorbehalten

ISBN 3-87584-842-X

Printed and bound in China

Inhalt

Kinder breiten sich überall aus, egal wieviel Raum man ihnen gibt. Schon der winzigste Säugling besitzt Energien, mit denen er einer Kompanie Soldaten Konkurrenz machen könnte. Und sobald ein Kind mobil wird, ist erst recht kein Quadratzentimeter ihres kostbaren Heims mehr vor ihm sicher. Kinder sind laut und übermütig, haben einen großen Bewegungsdrang und sammeln Kisten voller Zeug. Sie können die Stilbewussten unter uns an den Rand des Wahnsinns treiben, aber ohne sie wäre das Zuhause ein allzu makelloser Ort.

Dieses Buch wird Ihnen nicht zeigen, wie Sie ihr hart erarbeitetes, geschmackvoll eingerichtetes Heim auf Kosten der körperlichen und krea-

Einleitung

tiven Freiheit ihrer Sprößlinge bewahren können. Sie werden darin auch nicht erfahren, wie man eine Schablone für ein Teddybärenmuster oder ähnliches anfertigt. Stattdessen bietet es viele anregende Beispiele aus dem Leben echter Familien mit echten Kindern, die beweisen, dass Kinder und eine schöne Einrichtung sich keineswegs ausschließen müssen. Mit Hilfe effektiver Aufbewahrungssysteme können Eltern innerhalb von Sekunden in gemeinsamen Wohnbereichen Ordnung schaffen, wenn es Zeit zum Zubettgehen ist, und ihr Erwachsenendasein wieder genießen. Und die Kinder werden eine lebendige, stimulierende Umgebung schätzen, die sowohl zweckmäßig als auch entspannt ist.

Ob Sie ein geschmackvoll eingerichtetes Zimmer für die Ankunft eines Neugeborenen umgestalten oder wieder von vorn anfangen, weil ihre Kinder allmählich zu groß für die alte Wohnung werden, in jedem Fall sind ein paar ernsthafte Überlegungen erforderlich. Planen sie zunächst alle praktischen Aspekte, und Design und Dekoration sind ein »Kinderspiel«. Die Bedürfnisse Ihrer Kinder mögen auf der Hand liegen, doch ihre Ansprüche wachsen mit ungeheurer Geschwindigkeit. Wenn Sie einen Säugling haben, ist es sogar noch wichtiger, vorausschauend zu planen, denn so unvorstellbar es Ihnen jetzt noch scheinen mag, dieses kleine Wesen wird schon sehr bald einen eigenen Raum beanspruchen.

Wenn in Ihrem Heim ein zweckmäßiger, moderner Stil vorherrscht, lassen Sie Ihre Kreativität spielen. Eine moderne Einrichtung ist perfekt für Kinder: Farben und glatte Oberflächen bilden einen wunderbaren Hintergrund für Spielzeug, Bilder und Accessoires. Die Regeln sind einfach: Die Dinge müssen zweckdienlich sein und gut aussehen, und Kinder müssen lernen, die gemeinsamen Räume der Familie zu respektieren. Denken Sie nicht, dass Kinder eine natürliche Vorliebe für bunte Farben und niedliche Motive hätten. Trauen Sie ihnen guten Geschmack zu, beziehen Sie sie in die Planung ihres Zimmers ein und geben Sie allen (auch sich selbst) die Möglichkeit, Spaß zu haben und der Fantasie freien Lauf zu lassen.

Das erste Zimmer eines Neugeborenen muss ruhig und bequem sein – auch für die Eltern. Halten Sie es schlicht und sorgen Sie für klare Farben, leicht zugängliche Schränke und Regale sowie eine schöne Aussicht vom Kinderbett aus. Kleine Freuden für die Sinne, z. B. ein Windspiel oder bunte funkelnde Lichter, geben dem Raum etwas Geheimnisvolles.

Zimmer für Babys

1

In der ersten Zeit braucht ein Baby nicht viel, auch wenn die Kaufhäuser Sie vom Gegenteil überzeugen wollen. Viele Säuglinge bewegen sich vor dem dritten Lebensmonat fast nie in ihrem eigenen Zimmer und sind vollauf damit zufrieden, in einer Wiege neben dem Bett der Eltern geschaukelt zu werden. Dennoch braucht ein Neuankömmling sein eigenes Zimmer zum Wechseln der Windeln, zum Aufbewahren der Kleidung und einer ständig wachsenden Spielzeugsammlung. Ein kleiner Raum ist dafür gut geeignet. Er ist gemütlich, und die meisten Kleinkinder spielen ohnehin lieber in den Räumen der Familie als allein in einem Schlafzimmer.

Das wichtigste Möbelstück eines Kinderzimmers ist das Bett; einfache Modelle sind nicht nur praktisch, sondern sehen auch gut aus. Reizvolle Alternativen zu den traditionellen Kinderbetten aus lackierter Kiefer sind Modelle aus Buche oder Kirschbaum (auch wenn sie mehr kosten), weiß gestrichenem Holz, buntem Melamin oder gut verarbeitetem Eisen. Ein antikes Bett oder ein Bett im Retrostil kann in einem sparsam eingerichteten Raum sehr schön aussehen, aber Sie sollten sicherstellen, dass es auch die passenden Matratzen dafür gibt. Ein Bett, dessen Seitenteile sich entfernen lassen, wenn das Baby größer wird, ist eine vernünftige und rentable Lösung. Wählen Sie den einfachsten Stil, den Sie finden können.

Verspielte, mit Rüschen und Figuren verzierte Puffer oder Volants können leicht das Erscheinungsbild eines gradlinigen, modernen Kinderzimmers verderben. Ein wattierter Puffer an der Stirnseite des Betts ist grundsätzlich eine gute Idee, weil er unruhige kleine Köpfe schützt, aber wählen Sie einen gesteppten, in schlichten Farben und ohne Rüschen. Laken und Decken aus Baumwolle sowie eine warme Steppdecke gehören ebenfalls zur Grundausstattung eines Babyzimmers. Wenn Ihr Kind etwa ein Jahr alt ist, können sie ein kleines Kissen und ein Federbett hinzufügen. Kinderausstatter sind in den letzten Jahren immer erfinderischer geworden und haben Decken und Laken in allen Varianten auf den Markt gebracht, von zarten Pastelltönen bis zu kräftigen Farben. Es macht Spaß,

aus dem reichhaltigen, aufeinander abgestimmten Angebot zu wählen und es möglicherweise durch ein oder mehrere Teile im Retrostil zu ergänzen.

Kombinieren Sie ein rosafarbenes Gingham-Laken mit einer Decke in kräftigem Orange oder heitern Sie schmucklose weiße Bettwäsche mit einem selbst genähten Kissen auf. Ein einzelnes großes Motiv auf einer Decke sieht schöner aus als ein sich wiederholendes Muster.

Der Wickelbereich sollte effizient und zweckmäßig sein. Widerstehen Sie der Versuchung, eine Wickelkommode zu kaufen, denn Sie wird schon bald nicht mehr gebraucht. Eine normale Kommode in der entsprechenden Höhe mit einer gepolsterten Plastikauflage kann gleichzeitig als Wickeltisch dienen. Verstauen Sie alle Utensilien wie Windeln, Tücher und Cremes in den oberen Schubladen, wo sie vor neugierigen Geschwistern sicher sind. Sie können sie auch in einem Regal, etwa aus massiven MDF-Platten, in greifbarer Nähe über der Kommode anbringen. Wenn Sie genug Platz haben, kommt vielleicht auch eine speziell angefertigte Kommode in Frage. Sie muss Fächer für Kleider, Watte, Windeln etc. und eine ausziehbare oder herunterklappbare Fläche zum Wechseln der Windeln haben. Wenn die Wickelauflage immer zu sehen ist, wählen Sie eine in modernerem Design; Gras- oder Wolkenmotive wirken weitaus peppiger als einfallslose Teddybären. Das Wickelkind freut sich auch über ein Mobile an der Decke; Versandkataloge für Kinderausstattung bieten abstrakte Mobiles mit Klips zum Anhängen von Postkarten oder Fotos an.

Zum Stillen brauchen Sie einen niedrigen, bequemen Sessel. Legen Sie eine Decke aus strapazierfähigem, waschbarem Stoff darüber – bunter Jeanstoff, robustes Leinen oder Frottee. Wenn genügend Raum vorhanden ist, eignen sich Kuschelsäcke in Bonbonfarben oder abwaschbare Vinylwürfel gut für Babys, die gerade lernen, aufrecht zu sitzen oder zu krabbeln.

Auch die Fenster sollten modern gestaltet sein. Wenn Sie nicht wollen, dass Ihr Sprößling schon beim ersten Morgenkonzert der Vögel aufwacht, sorgen Sie für Verdunklung. Ein Springrollo, Stabjalousien oder Fensterläden aus Holz sind praktisch und sehen hübsch aus; wenn Sie jedoch lieber Vorhänge mögen, sind kräftige Pastellfarben, Karomuster oder mit Kindermotiven bedruckte Stoffe eine gute Wahl. Sollten Sie sich für letztere entscheiden, nehmen Sie klassische Kinderfiguren, denn sie sehen stilvoller aus als die heute überall verbreiteten grellen Dessins. Oder sehen Sie sich in einem exklusiveren Stoffgeschäft um, wo es häufig Stoffe mit lustigen, abstrakten Motiven für Kinder auch zu vernünftigen Preisen gibt.

Schlicht gestrichene Wände und pflegeleichte Böden sind die beruhigendste Umgebung für einen Säugling. Wählen Sie für die ersten Lebensjahre Farben, die Sie selbst mögen – in diesem Alter haben Kinder noch keinen ausgeprägten Geschmack. Weiße Wände und ein neutraler Fußboden bilden den perfekten Rahmen für bunte Accessoires. Aber wenn Sie gerne etwas Anregendes hätten, streichen Sie eine Wand in einer kräftigen Farbe wie Kirschrot oder Türkis. Sollten Sie jedoch beruhigende Pastellfarben bevorzugen, bilden kräftigere Töne wie Lavendel oder zartes Blau den besten Hintergrund für Spielsachen in Grundfarben. Bemalen Sie die Wände mit abstrakten Formen: Streifen oder große Punkte sehen gut

DIESE UND LINKE SEITE:
Der Doppeldiwan mit einem stoffbezogenen Stahlrohr-rahmen eignet sich sehr gut für ein Kind, das aus dem Kinderbett herausgewachsen, aber noch zu klein für ein richtiges Bett ist. Das zweck-mäßige Kleiderregal enthält eine Stange für Kleidung und eine Schuhablage (linke Seite), die Kommode dient gleichzeitig als Wickeltisch. Kräftige Farbblöcke sorgen in diesem Zimmer für eine klare, moderne Atmosphäre – die dottergelben Wände, die blassrote Kommode, das knallrote Federbett und das zitronengelbe Bett wirken anregend und heiter.

DIESE UND RECHTE SEITE:
Ein Dachzimmer mit Schrägen eignet sich gut als gemütliches Kinderzimmer. Nutzen Sie den Blick auf den Himmel und stellen Sie das Bett direkt unter das Dachfenster, aber vergessen Sie nicht, eine Jalousie oder Fensterläden anzubringen, um das Baby vor grellem Licht zu schützen. Das Zimmer von Scarlet zeigt, dass Rosa und Weiß (die klassische Farbkombination für kleine Mädchen) auch frisch und hübsch wirken kann statt überladen und niedlich. Weiße Wände, ein weißes Bettchen und ein neutraler Teppich bilden den Grundakkord, während Accessoires in Rosé dekorative Akzente setzen.

aus. Auch sollten Sie die Decke nicht vergessen – Babys können so viele Stunden auf dem Rücken verbringen, ohne sich zu langweilen. Knien Sie sich neben das Bett, um den Blick Ihres Säuglings nachzuempfinden, und bieten Sie ihm dann eine anregende, sich immer wieder verändernde Aussicht. Kann Ihr Baby nach draußen auf Bäume oder Wolken schauen? Falls nicht, stellen Sie das Bett an einen anderen Platz. Oder hängen Sie bunte chinesische Laternen, Wimpel oder leicht bewegliche Papiermobiles an die Decke.

Es müssen nicht unbedingt Bilder an die Wände, aber Sie und Ihr Nachwuchs brauchen etwas zum Anschauen. Legen Sie jetzt eine persön-

liche Sammlung an: Ein gerahmter Handabdruck des Babys oder ein Porträtfoto in Schwarzweiß sind meist spannender als konventionelle Kunst für Kinder. Schaffen Sie mit fantasievoller Beleuchtung eine angenehme Atmosphäre. Bringen Sie einen Dimmer an der Deckenleuchte an, um nachts nach dem Baby schauen zu können. Stöbern Sie in Lampengeschäften nach ungewöhnlichen Modellen – es gibt nicht nur »magische Laternen«, die die Wände mit sanften Farben und Bewegungen überziehen, sondern auch Lavalampen, bunte Lichterschnüre in Blumenform, Leuchtgloben oder Lampenschirme aus gestanztem Metall, die ebenfalls hübsche Muster an die Wand werfen.

DIESE UND LINKE SEITE:
Ein schmuckloser, neutraler Stil ist nicht jedermanns Geschmack. Eine Möglichkeit zur üppigeren Gestaltung eines kleinen Abstellraums – manchmal der einzige für den Neuankömmling zur Verfügung stehende Platz – ist ein großzügiger Umgang mit Farbe. Haben Sie sich für bunte Streifen entschieden, streichen Sie die Wände in einem kräftigen Grundton – hier wurde Flamingorot verwendet – und kleben Sie dann Bahnen von verschiedener Breite ab. Wenn Sie es gern etwas zurückhaltender haben, bemalen Sie Künstlerleinwände in leuchtenden Farben und hängen sie im Zimmer auf.

LINKS: **Überlegen Sie, was Sie im Kinderzimmer unterbringen müssen, und beauftragen Sie eventuell einen Schreiner damit, die passenden Schränke und Regale zu bauen. Dieser Schrank hat eine ausklappbare Wickelfläche mit maßgeschneiderter Box für Reinigungstücher sowie ein Regal für Windeln. Gleichzeitig dient er als Raumteiler zwischen dem Schlaf- und Spielbereich.**
UNTEN VON LINKS NACH RECHTS: **Nicht alle Neugeborenen genießen den Luxus eines eigenen Zimmers. Schiebetüren trennen das Bett dieses kleinen Mädchens von einem offenen Loft ab (links). Das Bett in einer Ecke des Elternschlafzimmers lässt sich mit Babyfotos (Mitte) oder Wimpeln (rechts) individuell gestalten.**

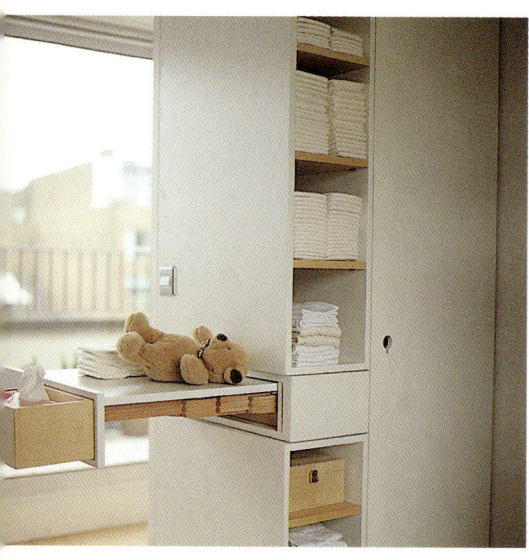

Vermutlich werden Sie mehr Platz für Babykleidung brauchen, als Sie erwartet haben. Unterhemdchen und Schlafanzüge können sich zu einem ziemlich hohen Stapel türmen, ganz von geschenkten Kleidern, die darauf warten, angezogen zu werden oder Sachen, aus denen das Baby herausgewachsen ist. Ein Schrank ist nicht unbedingt notwendig; eine geräumige Kommode mit vielen Schubladen, eventuell durch einen neuen Anstrich und moderne Griffe herausgeputzt, ist ebenso geeignet. Ein großer Wäschekorb allerdings ist ein Muss für den anfallenden Wäscheberg. Weidenkörbe, Zinktonnen oder bunte Plastikkisten im Regal oder unter dem Bett erleichtern das Aufräumen.

Das Zimmer Ihres Babys sollte zweckmäßig und gemütlich, aber auch sicher sein. Planen Sie also schon jetzt die Krabbelphase ein: Herabhängende Kabel oder Kordeln von Rollos sollten kurz sein, Steckdosen mit Schutzsteckern und Fenster mit Gittern oder Haken versehen sein; was nicht in die Hände von Kleinkindern gehört, in hohen Regalen verstaut werden. Wenn Sie einen Holzboden haben, legen sie einen weichen Läufer oder, einen Wollteppich darauf, der sich leicht reinigen lässt; Sisal und Kokosfasern sind zu rauh für weiche Knie. Wie in jedem anderen Raum des Hauses sollten Sie auch im Kinderzimmer nach einer angenehmen Atmosphäre streben, denn hier sollen sich alle wohlfühlen. Das Bemühen um Einfachheit bei der Planung zahlt sich aus, da weder Sie selbst, noch Ihr Baby ahnen können, was einmal seine Lieblingssachen sein werden.

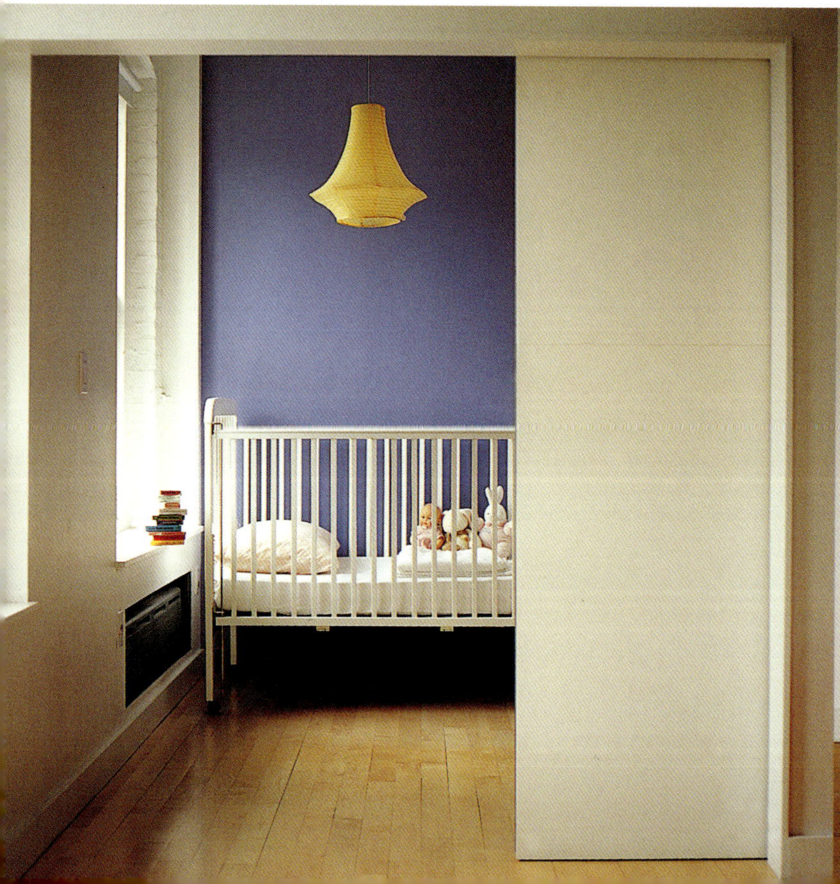

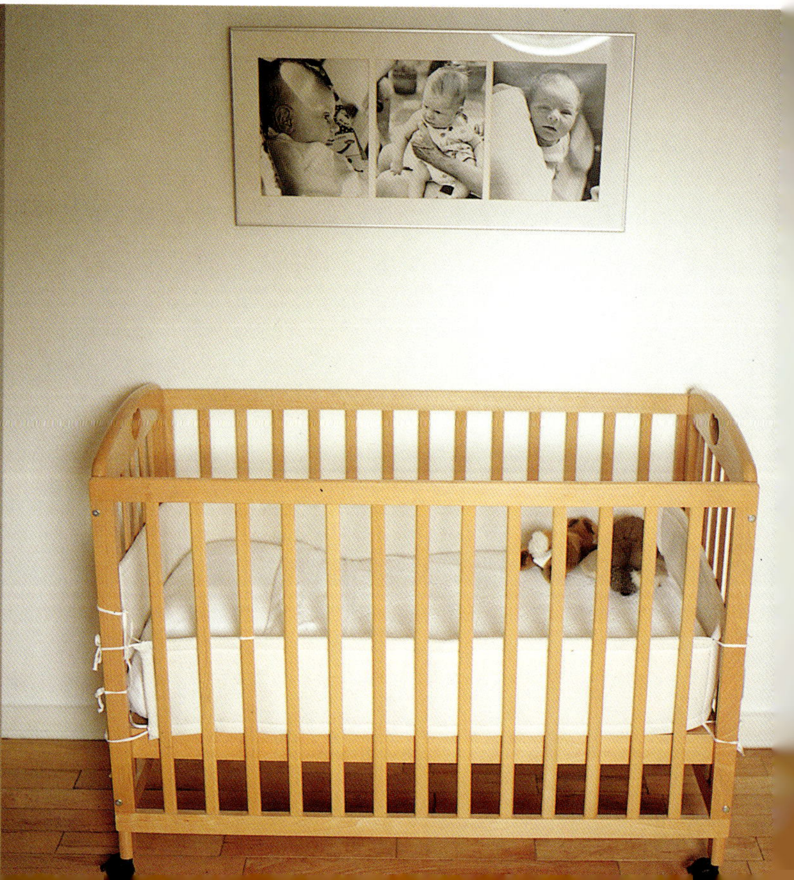

Zimmer für Mädchen

Kleine Mädchen lieben Rosa über alles, aber sie mögen auch Babyblau, zartes Lila oder Grasgrün. Geben Sie ihrer Tochter eine Kulisse, vor der sie ihre Persönlichkeit mit ihren Lieblingssachen entfalten kann, und organisieren Sie diese sinnvoll, damit sie das Zimmer leicht aufräumen kann.

2

DIESE UND RECHTE SEITE:
Cordelias Schlafzimmer –
vom Korridor im Souterrain
eines viktorianischen Hauses abgetrennt – ist ein
Musterbeispiel für clevere
Raumplanung. Das Bett ist
zwar klein, damit es in den
Raum passt, aber darunter
befinden sich Schubladen
und an seinem Fußende ein
geräumiges Bücherregal.
Die Wand am Kopfende ist
ein deckenhoher Schrank.
Wenn ein Raum mehr Licht
benötigt und die Bauvor-
schriften es erlauben, setzen
Sie ein neues Fenster ein.
Dieses hier wird abends mit
einer MDF-Platte geschlossen. Ein weißer Raum
braucht lustige Farbtupfer.
Suchen Sie einen kleinen
Bereich aus, und arbeiten
sich im Laufe des Jahres
durch die Farbskala.

> **» Ich mag die Fenster in meinem Zimmer, weil sie aussehen wie Ballons! «** CORDELIA, 4 JAHRE

Fast alle kleinen Mädchen haben eine Schwäche für hübsche Dinge. Aber ersparen Sie Ihrer Tochter das klassische, geblümte Schlafzimmer, und bieten Sie ihr stattdessen eine frische, moderne Version dieses verspielten Stils. Klare Farben oder ein Raum ganz in Weiß bieten eine perfekte Umgebung für die Schätze eines kleinen Mädchens. Für Wildfänge sind gedämpftere Farben und ausgefallene, abstrakte Muster eine gute Wahl. Vermeiden Sie, Ihre eigenen Kindheitsfantasien im Zimmer Ihrer Tochter auszuleben: Nur weil Sie als Kind kein Zimmer in Knallrosa haben durften, heißt das nicht, dass auch sie es sich wünscht.

Wenn Sie nicht sicher sind, welchen Stil sie wählen sollen, lassen Sie sich von Ihrer Tochter inspirieren. Selbst eine Dreijährige hat überraschend klare Vorlieben. Sprechen Sie mit ihr über ihre Lieblingsfarben, oder beobachten Sie, wenn sie dafür noch zu klein ist, wovon sie sich angezogen fühlt. Greift sie eher nach rosa Rüschenkleidchen oder nach einem leuchtend bunten T-Shirt? Welche Farben wählt sie, wenn sie malt? Diese kleinen Hinweise können für Sie ein ausgezeichneter Ansatzpunkt sein. Halten Sie die Details flexibel, so dass sie im Laufe der Jahre immer wieder verändert werden können. Getünchte Wände statt Rauhfaser, Platz zum Aufstellen der gesammelten Schätze und klassische Möbel schaffen ein atmosphärisches, schönes Schlafzimmer. Ein gradliniger Stil und eine klare Anordnung sorgen dafür, dass der Raum mühelos frisch und modern aussieht.

Wenn Ihre Tochter im Alter von etwa zwei Jahren ein großes Bett braucht, bietet sich die Gelegenheit, das Schlafzimmer neu zu gestalten und stilistische Veränderungen vorzunehmen. Konzentrieren Sie sich zunächst auf die sperrigen Möbelstücke, und planen Sie die Farben später. Die Grundausstattung unterscheidet sich nicht wesentlich von derjenigen der Babyjahre, aber jetzt ist ein gutes Bett noch wichtiger als zuvor. Sparen Sie keinesfalls an der Matratze; Kinder sind zwar leicht, aber sie brauchen eine feste Unterlage, die etwa zehn Jahre hält. Denken Sie gründlich über das Bett nach, für das Sie sich entscheiden. Mädchen haben immer wieder andere Ticks; mit fünf begeistern sie sich für Barbie und mit zehn spielen sie die feine Dame. Rollen Sie das Ganze von hinten auf: Wenn ein klassischer Stil mit moderner Note für ein Kind bis zehn geeignet scheint, kann er auch für die früheren Jahre entsprechend gestaltet werden.

Mit einem auffallenden Gestell wird das Bett zum Blickfang des Zimmers; sparen Sie die langweilige Bett-

couch für die Teenagerzeit oder besser für das Gästezimmer auf. Ein einfaches, aufgearbeitetes Krankenhausexemplar etwa wirkt durch ein attraktives Federbett mit Tiermotiv gemütlich für kleine Kinder und spricht mit hoch aufgetürmten bunten Kissen auch ältere Mädchen an. Eine andere vielseitige Option sind Schlittenbetten aus MDF zum selbst bauen. Die hohen geschwungenen Seiten verhindern, dass die Kleinen aus dem Bett fallen, und das Gestell kann entsprechend der wechselnden modischen Vorlieben des Mädchens immer wieder neu gestrichen werden – von Kaugummirosa über Taubenblau bis leuchtend Orange. Wenn Sie nur ein Kopfteil brauchen, seien Sie erfinderisch, und bauen Sie eins nach Ihren eigenen Vorstellungen. Nehmen Sie statt des traditionellen, geschwungenen Kopfteils eine moderne rechteckige Form mit ausgesägten Kreisen oder Herzen. Lassen Sie sich vom Märchenland inspirieren und bauen ein Kopfteil mit Palisadenzaun oder eines aus Holz, das in Goldfarbe gestrichenem und mit falschen Edelsteinen besetzt ist.

Betten mit Baldachin, Himmelbetten, Etagenbetten oder Hochbetten treffen genau den Geschmack von Mädchen und bieten zusätzlichen Platz für Freundinnen, die über Nacht bleiben. Allerdings sind sie bei Erwachsenen, die gebückt auf einer kleinen Leiter stehen müssen, um das Bett

DIESE UND RECHTE SEITE: Mit gemusterten Kissen, weißen Wänden und Fensterläden wurde in diesem Schlafzimmer einer Fünfjährigen ein goldener Mittelweg gefunden: Es ist hübsch, aber nicht übertrieben, im Stil eines Boudoirs gestaltet. Kinder lieben verrückte Details; stöbern Sie also in Trödelläden nach ungewöhnlichen Stücken. Hier (oben links) besteht die Beleuchtung aus Wandlampen – ursprünglich Teetassen – einer am Boden stehenden Gans und einer kleinen Schneiderpuppe, während in einem Auto auf dem Nachttisch das Radio versteckt ist (oben rechts). MDF-Möbel (links) können in hübschen Farben angestrichen und mit einfachen Motiven wie Punkten oder Herzen individuell gestaltet werden. Wenn ein kleines Mädchen ein großes Zimmer hat, kann ein Doppelbett eine beruhigende Oase bilden.

zu machen, vielleicht nicht ganz so beliebt. Trotzdem macht es großen Spaß, ein besonderes Bett zu entwerfen. Ein einfaches Himmelbett aus Holz oder Stahlrohr birgt großes dekoratives Potential und sieht sehr modern aus. Das Gestell lässt sich abwechselnd mit einem bunten Netz, mit selbst gebastelten Muschelschnüren oder für ältere Mädchen mit glitzernder Sari-Seide dekorieren. Ein Moskitonetz eignet sich mit applizierten künstlichen Blumen als Baldachin. Unter einem Hochbett kann man Sachen verstauen oder einen Schreibtisch anbringen, und um es dem übrigen Einrichtungsstil anzupassen, empfiehlt sich die Verwendung des passenden Materials: Sperrholz, MDF oder galvanisierter Stahl bieten viele Möglichkeiten und lassen sich mit bunten Bettbezügen und Teddybären auflockern.

Wenn Sie sich für ein Bett entschieden haben, lassen Sie Ihre Tochter ebenfalls etwas aussuchen. Legen Sie sich nach und nach eine Auswahl von Bettbezügen zu, damit sie es, wenn sie älter wird, nicht als lästige Pflicht, sondern als etwas Kreatives empfindet, ihr Bett zu machen.

Erstehen Sie im Schlussverkauf einzelne Laken und Kissenbezüge oder sehen Sie sich in Second-Hand-Läden nach Federbetten mit altmodischen Blumenmustern um. Kleine Mädchen haben Freude daran, Kleider für ihre Puppen auszusuchen und hübsche Kissen- und Bettbezüge miteinander zu kombinieren. Gehören sie zur gleichen Farbpalette, sehen unifarbene Bezüge und frische Blumen- und Karomuster, gemischt mit Weiß sehr attraktiv aus. Extras wie ein besticktes Babykissen, ein weiches Reiseplaid oder mit Applikationen versehene Tagesdecken machen die Wirkung noch individueller. Für ein besonders modernes Bett wählen Sie unverzierte Wäsche in bunten Farben – vielleicht Kissen- und Federbettbezug in Kirschrot, kombiniert mit einem Laken in Hellgrün. Rein weiße Bettwäsche ist langweilig für ein Kind, das Farben liebt, aber wenn Sie darauf bestehen, gestalten Sie einen weißen Bezug zumindest mit einer Satinapplikation oder einer bunten Knopfleiste ein wenig individueller.

Das Bett hat zwar Vorrang, aber fast ebenso wichtig sind Schränke und Regale. Planen Sie für oder mit Ihrer

» *Ich mag mein Bett, weil es hübsch und gemütlich ist. Ich bewahre da oben viele meiner Lieblingssachen auf.* « LUCY, 8 JAHRE

DIESE UND LINKE SEITE:
Mit seinen ungewöhnlichen Materialien – Gummiboden, Hochbett aus Sperrholz und Polypropylen-Stuhl – verfügt das Zimmer der achtjährigen Lucy über die grundlegende Ausstattung einer Teenagerbude. Die glatten, bunten Oberflächen bilden eine variable Kulisse, die mit geblümten Sitzsäcken aufgepeppt oder auch unkompliziert und schlicht gehalten werden kann. Eine die ganze Wand bedeckende Tafel läßt sich vielseitig nutzen. Ein solch speziell angefertigtes Hochbett aus Sperrholz oder lackiertem MDF ist nicht nur ein ausgezeichneter Platzsparer, sondern bildet auch eine gemütliche, in sich abgeschlossene Ecke.

DIESE UND RECHTE SEITE:
Die Einrichtung eines Mäd-
chenzimmers muss nicht
von Blumenmotiven geprägt
sein. Zarte Farben wirken
genauso feminin, wie diese
Mansarde mit den perlgrauen
Wänden, der Bettwäsche in
blassen Pastelltönen und den
Schmetterlingen zeigt. Richten Sie für ein kleines Mädchen, das Wert auf seine Privatsphäre legt, ein Nest zur
Abtrennung des Bettbereichs
ein, indem Sie Hängedraht
von Wand zu Wand spannen
und daran einen Vorhang aus
Schleierstoff befestigen.

Tochter und erstellen Sie eine ausführliche Liste aller
Dinge, die sie in ihrem Schlafzimmer braucht – von Spielzeug und Kleidern bis zu dekorativen Nebensächlich-
keiten. Vor allem kommt es auf flexible Aufbewahrungsmöglichkeiten an, um die verschiedenen Besitztümer
Ihres Sprößlings unterzubringen, Unmengen kleinerer
Spielsachen werden ebenso darunter sein wie etwa ein
größeres Puppenhaus. Nicht alles muss immer sofort aufgeräumt werden, aber jedes Teil sollte seinen Platz haben.
Es stimmt nicht, dass alle Kinder von Natur aus unordentlich sind. Die meisten sind sogar sehr ordnungsliebend,
und wenn Sie für ein vernünftiges System sorgen, kann
Ihr Kind schnell und einfach aufräumen.

Vorausgesetzt, der Raum ist groß genug, bietet eine
Reihe von eingebauten Schränken entlang einer Wand die
cleverste und simpelste Lösung. Hinter dieser Fassade
können viele verschieden große Fächer für Stapel von
Pullis und Jeans, eine Kleiderstange und einzelne Kisten
für kleinere Dinge untergebracht werden. Offene Regale
mögen zwar eine geeignete Möglichkeit sein, Spielzeug
auf einen Blick zu finden, aber geschlossene Türen sind
vorteilhafter. Wenn es Zeit zum Schlafengehen ist, sollte
der Raum Ruhe ausstrahlen und Lieblingsspielzeug nicht
offen und verlockend herumliegen. Sobald die Schranktüren geschlossen sind, spielt es keine Rolle mehr, wie unordentlich es dahinter aussieht. Die Türen können so
schmucklos oder so durchgestalten sein, wie Sie möchten.
Wenn sie in der Wandfarbe gestrichen und mit kleinen
Griffen versehen sind, die Ihr Dreikäsehoch erreichen
kann, fallen sie fast gar nicht auf. Cremefarben gestrichene Wände sind der ideale Hintergrund für Kunstwerke.

DIESE UND RECHTE SEITE:
Viele kleine Mädchen lieben bunte Blumen, und die dreijährige Cyprus macht da keine Ausnahme. Aber vermeiden Sie es, zu viele Blumenmuster miteinander zu kombinieren, setzten Sie Akzente in Primärfarben – vielleicht ein roter Kissenbezug, der zu den Pastelltönen einen Kontrast bildet. Mit einem Bettgestell aus Eisen und farbigen Holzmöbeln sieht das Zimmer modisch frisch aus, statt traditionell und rustikal. Um die Aufmerksamkeit auf ein geblümtes Bett zu lenken, sollte das übrige Dekor gedämpft sein; beschränken Sie sich auf weiße Wände und schlichte Vorhänge. Ein paar Kissen sorgen für eine erwachsene Atmosphäre.

Auch Türen aus Multiplex, Aluminium oder Sperrholz verleihen dem Zimmer eine moderne Note. Wenn Sie eine alte Kommode besitzen, die zwar praktisch, aber nicht sehr schön ist, stellen Sie sie in eine Nische und bringen Sie davor moderne Türen an, die mit der Wand abschließen.

Bieten Sie Ihrer Tochter nach Möglichkeit einen Bereich, in dem sie malen und ihre Hausaufgaben machen kann. Im Handel erhältliche Toiletten- oder Schreibtische sind meist viel zu klein und haben überflüssige Details. Lassen Sie sich von zeitgenössischen Interieurs inspirieren: Verwenden Sie eine lange, niedrige Arbeitsfläche und befestigen an der Wand darüber ein Regal aus gestrichenem MDF, rostfreiem Stahl oder buntem Laminat. Stellen Sie hier den Computer auf; unter der Bank können Sie Kisten auf Rollen für Spielzeug oder Bücher unterbringen, einen zweiten Hocker für eine Freundin oder sogar ein Schränkchen mit vielen flachen Schubladen für Buntstifte und Papier. Ausgestattet mit einem Spiegel kann die Arbeitsplatte gleichzeitig als Toilettentisch und Präsentationsmöglichkeit Verwendung finden. Die Ausstellungsfläche sollte für ein Kind bequem zu erreichen sein, sich also nicht hoch oben auf einem Regal befinden. Kontrollieren Sie nicht, was Ihr Kind herzeigen möchte; Ihnen mag die Sammlung aus glitzernden Nagellackfläschchen und Pappmascheefrüchten vielleicht nicht gefallen, aber Schönheit liegt schließlich im Auge des Betrachters. Ihre Tochter wird ein Arrangement von frischen Blumen, wie es die Erwachsenen haben, möglicherweise sehr schätzen. Haarspangen, Schmuck und Anstecker können in kleinen Schalen und Körbchen ordentlich aufbewahrt werden.

Die meisten Kinder mögen eine bunte, peppige Umgebung und möchten ihre Lieblingsfarben gerne selbst aussuchen. Getünchte Wände sind flexibler als Mustertapeten und bieten einen überschaubaren Hintergrund für das unvermeidliche Durcheinander der Spielsachen. Geben Sie Ihrer Kleinen eine Farbskala in die Hand: Sie werden von ihrem angeborenen guten Geschmack und den Farbtönen, die sie wählt, überrascht sein. Ältere Mädchen haben oft Spaß daran, verschiedene Farben auf Pappkarton aufzutragen und sie an die Wand zu halten, um sich so für einen Farbton zu entscheiden. Folgen Sie dem gleichen Farbschema wie im Rest des Hauses. Fröhliche, leuchtende Farben wie Zitronengelb oder Kornblumenblau sind zwar anregend, aber streichen Sie nur eine Wand damit, um den Effekt nicht zu übertreiben. Wenn Ihre Tochter unbedingt eine Pastellfarbe möchte, Sie jedoch nicht, wählen Sie einen gebrochenen Pastellton, der eleganter

Ebenso wie kleine Mädchen die Kleider ihrer Puppen auswählen, haben sie auch Freude daran, hübsche Kissen- und Bettbezüge miteinander zu kombinieren.

DIESE UND LINKE SEITE: **Ein Himmelbett verleiht einem Schlafzimmer eine besondere Note und eignet sich perfekt für Kinder unter zehn. Ein einfaches Metallgestell wirkt auffallend und elegant, wenn man es mit Vorhängen – Schleierstoff in Pastelltönen oder Seide – dekoriert, die gesäumt und auf eine Schubleiste aufgezogen werden. Eine preiswerte Alternative sind fertig gekaufte Vorhänge mit Schlaufen, die regelmäßig gewechselt werden können. Wählen Sie schlichte Bettwäsche in Weiß oder leuchtenden Unifarben. Der übrige Rahmen kann mit chinesischen Laternen, künstlichen Blumen oder bunten Lichtern hübsch gestaltet werden.**

DIESE UND RECHTE SEITE: Sowohl Mädchen als auch Jungen mögen ein thematisch gestaltetes Schlafzimmer. Es stimmt nicht, dass Mädchen unbedingt ein Märchenschloss bevorzugen. An diesem Boot-Bett beispielsweise hat sich die Besitzerin seit frühester Kindheit erfreut. Vorausgesetzt, die Malerei ist professionell ausgeführt, bildet ein Wandbild das perfekte Gegengewicht zu einem ansonsten dezenten Schlafzimmer. Wählen Sie klare Motive und geben Sie dem Bett möglicherweise eine besondere Form. Das hier gezeigte Bett ist fantasievoll, schön und praktisch. Es wurde speziell für diesen Raum angefertigt und enthält Schubladen unter den Stufen.

Auch in einem modebewussten Haushalt mit modernen architektonischen Details kann ein Kinderzimmer gemütlich und lustig sein. Das auffällige Limonengelb der Wände, der blaugraue Boden, die rot gepunktete Decke und das bunte Kissen erfreuen Kinderaugen. Denken Sie über alle dekorativen Details nach. Hier läßt sich durch ein Guckloch nachts ein Blick ins Zimmer werfen, und durch eine sandgestrahlte Glastür fällt gedämpftes Licht hinein.

RECHTE SEITE:
Ausgefallene Möbelstücke für ein Kinderzimmer findet man oft in Trödelläden. Aber Vorsicht, alte Kinderbetten haben keine Standardmaße. Jada wird in diesem Bett schlafen, bis sie mindestens drei Jahre alt ist.

wirkt. Oder schlagen Sie ihr positive Alternativen vor: Flieder statt Pink oder sanftes Grün statt des üblichen blassen Gelbs. Auch wenn Sie eher modern eingerichtet sind und Ihre Tochter unbedingt ein feminines Zimmer möchte, ist es möglich, einen stilistischen Kompromiss zu finden. Ein Stoff mit buntem Blumenmuster gefällt beiden, wenn er zu einem Rollo und nicht zu bodenlangen Vorhängen genäht und mit einem einfachen Bettgestell aus Aluminium und schlichten Bettbezügen kombiniert wird.

Eine andere Möglichkeit wäre es, Wände und Fenster mit einem weißen Anstrich und durchwirktem Schleierstoff relativ schmucklos zu halten, aber Bettbezüge mit Blumenmuster zu wählen. Schmetterling- oder Blattmotive sind eine gute Alternative zu Blumen, und auch ein weißes, mit Pailetten besticktes Rollo, kombiniert mit Bodenkissen in Perlmutt oder Nilgrün eignet sich für ein feminines Zimmer. Wenn Sie jedoch keinen Kompromiss finden können und teure Fehler vermeiden wollen, entscheiden Sie sich für ein schlichtes Rollo oder eine einfache Metallstange mit Vorhangringen. Stilbewusste kleine Mädchen können aus einer Vielzahl von Stoffen wählen. Beziehen Sie Sessel und Kissen mit waschbarem weißen Segeltuch. Zitronengelbe Bettwäsche mit einem bunten Monogramm oder rosafarbener Jeansstoff mit dunkelrotem Kreuzstich sehen trendy und originell aus.

Alle kleinen Mädchen brauchen eine Fläche an der Wand, um ihre Kunstwerke, Fotos oder Gedichte aufhängen zu können. Die üblichen Pinnwände aus Kork oder anderem Material sind meist zu klein. Viel schöner ist eine große Fläche aus kunststoffbeschichtetem Stahl, passend zur Farbe der Wände: Mit Magneten befestigte, selbst gemalte Bilder, Fotos und Postkarten lassen sich immer wieder austauschen, ohne dass die Farbe der Wände darunter leiden muss. Symmetrisch angeordnete Wechselrahmen aus Glas oder bemalte Holzrahmen eignen sich gut, um Lieblingsfotos aufzuhängen oder einen lustigen Familienstammbaum anzulegen. Sie sollten das dekorative Potential von Kinderzeichnungen nicht unterschätzen. Fantasievoll gerahmte Bilder aus dem Kunstunterricht können aus einer naiven Illustration verblüffende Pop-Art machen.

Das Zimmer Ihrer Tochter soll zwar schön aussehen, aber es ist ihr privates Reich, ein Ort, wo sie Freunde treffen, in Ruhe ihre Hausaufgaben machen und ihren Träumen und Fantasien nachhängen kann. Es ist wichtig, einem Kind seine Privatsphäre zu schaffen. Helfen Sie Ihrer Tochter, ihren persönlichen Bereich von dem der anderen Geschwister abzutrennen, damit sie allein sein kann, wenn sie möchte. Sie können an ihrer Tür große Initialen anbringen oder bei einem Schmied die Buchstaben ihres Namens anfertigen lassen. Vielleicht gefällt ihr auch eine Zeichnung ihres Monogramms in einer besonderen Schrift. Einigen sie sich auf ein

einfallsreicheres Zeichen als das hingekritzelte »Zutritt verboten«. Eine Kette mit bunten Buchstaben-Perlen über der Türklinke ist sehr viel hübscher. Lassen Sie sich etwas einfallen, um ihr einen Raum für ihre Geheimnisse zu überlassen. Wenn Sie sich zu einem Umbau entschließen, könnten Sie vielleicht eine kleine Nische in die Wand einfügen oder einen winzigen Einbauschrank in einen zugenagelten Kamin einfügen.

Schlafzimmer sollten fröhlich sein, also haben Sie keine Angst vor Kitsch. Besorgen Sie kleine Extras wie einen Perlenvorhang oder eine Glitzerkugel für die Decke, riesige Blumen aus Stoff oder Papier oder ein Kissen mit Leopardenmuster. Die meisten Mütter sind im Herzen noch immer kleine Mädchen. Wenn Ihnen etwas gefällt, ist die Wahrscheinlichkeit groß, dass es Ihrer Tochter auch gefällt.

Zimmer für Jungen

Jungen brauchen eine coole, unkomplizierte Höhle mit vielseitigen Möbeln für fantasievolle Spiele. Lassen Sie sich vom Spektrum der Farben – Tiefrot, Zartgrün, Indigo – inspirieren, und kombinieren Sie diese mit robusten Oberflächen wie Gummi oder Holz, damit sich niemand über Kratzer und Schrammen ärgern muss.

3

DIESE UND RECHTE SEITE: **Wenn sie noch klein sind, brauchen Jungen eine ruhige Atmosphäre und viele weiche Stoffe, die ihnen ein sicheres und behagliches Gefühl geben. Im Schlafzimmer des zweijährigen Flinn wird eine solche Atmosphäre durch ein Kopfteil aus Palisadenzaun, einen Teppich aus Kunstfell und locker fallende Vorhänge hergestellt. In einem Raum mit viel Tageslicht sind schwere Vorhänge wie diese hier sehr nützlich, um grelles Sonnenlicht abzuschirmen. Die Grundelemente der Möbelstücke und Fenster können dieselben sein wie im Wohnbereich der Erwachsenen. Das hier gewählte Aufbewahrungssystem ist nicht nur praktisch, sondern auch hübsch: Ein Regal voller bunter Kinderbücher (oben links) und eine hoch aufgetürmte Sammlung von Schuhen (oben) schaffen einen lebhaften Kontrast zu dem ruhigen weißen Anstrich der Wände.**

Jungen legen großen Wert auf ihr Schlafzimmer. Etwa ab dem fünften Lebensjahr wissen die meisten sehr genau, welche Accessoires und Motive »cool« sind, und möchten zumindest ein paar davon in ihrem eigenen Reich haben. Sie machen zwar weniger Aufhebens um die Gesamtwirkung als Mädchen, sind aber pingelig, wenn es um Details geht. Jungen brauchen vor allem so viel Bodenfläche und Stauraum wie möglich, damit ihre zahlreichen Sammlungen von Zinnsoldaten bis Matchbox-Autos sortiert und griffbereit sind. Möbel, die viel Bewegung zulassen, sind bei Jungen beliebt, etwa eine Leiter zum Hochklettern oder ein Podest, um das sie herumlaufen und Fangen spielen können.

In einem Jungenzimmer sollte alles möglichst robust sein. Wenn sie wild herumtoben, denken Jungen nicht daran, dass sie das Kopfteil des Bettes ramponieren könnten. Mit einer vernünftigen Vorausplanung lässt sich viel Stress und Ärger vermeiden. So ist beispielsweise eine an der Wand befestigte Nachtleuchte besser geeignet als eine fragile Lampe aus Japanpapier, und ein robustes Spind aus Metall praktischer als ein Kleiderschrank aus Segeltuch. Bedenken Sie, dass Jungen, auf Möbel klettern, von ihnen herunterspringen und um sie herumlaufen, wenn sie Pirat spielen oder herumbolzen. Daher ist es sinnvoll, Materialien wie Laminat oder Sperrholz zu verwenden, die keine Kratzer bekommen, und lackierte Möbel aufzustellen, die leicht neu gestrichen werden können.

Jungen brauchen praktische, gut durchdachte Aufbewahrungsmöglichkeiten, um ihre Sachen leicht in Ordnung zu halten. Spielsachen lassen sich am besten in vielen kleinen Schubladen, Kisten oder Schachteln unterbringen, während größere Sachen in Regalen verstaut werden können.

LINKS: **Wenn Sie wenig Platz haben, wählen Sie ein vielseitig verwendbares, einzelnes Möbelstück mit Schubladen für Kleidung, Regalbrettern für Bücher und einer großflächigen Ablage, auf der auch wertvolle Besitztümer ausgestellt werden können. Mäntel und Hemden können an einfachen Haken an der Wand aufgehängt werden. Das Schlafzimmer ist der ideale Ort, um die Kunstwerke Ihres Sprößlings auszustellen, z. B. an einer riesigen Pinnwand.**

» Ich mag mein Zimmer, weil es sauber und ordentlich ist. « FLINN, 2½ JAHRE

Auch in einem Jungenzimmer ist das Bett der Mittelpunkt. Warum sollte man dies nicht wörtlich nehmen und es in der Mitte des Zimmers aufstellen? Ein Etagenbett lässt sich viel einfacher in ein imaginäres Schiff oder ein Klettergerüst verwandeln, wenn man gut herankommt. Ändern sich Geschmack und Anforderungen allmählich, haben Jungen eine steilere Entwicklungskurve als Mädchen. Sie brauchen zwar mit drei noch immer eine gemütliche Ecke zum Schlafen, sind aber mit fünf schon bereit für eine abenteuerlichere, klassische Jungeneinrichtung. Es gibt Möglichkeiten, diesen wechselnden Anforderungen gerecht zu werden: Entweder Sie kaufen für die ersten Jahre ein großes Kinderbett und ersetzen es durch ein richtiges Bett, wenn Ihr Sohn größer wird, oder Sie investieren in ein Erwachsenenbett, wenn er zwei ist, und gestalten es für die frühen Jahre mit bunten Bettbezügen und Accessoires. Ein Etagenbett ist eine ausgezeichnete Lösung: Ihr Sohn kann zunächst im sicheren, unteren Bett schlafen bis er ungefähr sechs ist und dann nach oben umziehen.

Jungen wie Mädchen ist ihr Bett sehr wichtig. Für sie ist es nicht nur ein Möbelstück zum Schlafen, sondern einerseits ein besonderer und sicherer Rückzugsort und andererseits eine Plattform für fantasievolle Spiele. Fertig zu kaufen gibt es Ausführungen in Holz, lackierte »Schiffsrümpfe« oder Schlittenrahmen, einfache Bettgestelle aus Eisen, bunte Hochbetten aus Melamin oder robuste Modelle im Militär-Stil aus Stahlrohr und Leinwand. Die individuellsten Resultate erzielen Sie jedoch mit einem selbst entworfenen Bett. In einem Dachzimmer kann man es aus MDF mit geräumigen Schubladen unter eine Schräge bauen und es mit Nut-und-Feder-Brettern vertäfeln. Für einen älteren Jungen ist ein einfaches Podest aus Sperrholz gut geeignet und sieht besonders modern aus, wenn es auf riesigen Rollen oder auffälligen Beinen aus Stahlrohr steht. Sie können auch bei einem Schreiner eine Boots- oder Raumschiff-Form in Auftrag geben, in die sich ein normales Bett integrieren lässt. Ein thematisch ausgerichteter Schlafplatz sieht immer eindrucksvoll aus, vorausgesetzt, der Rest der Dekoration ist einfach und klar.

Für die meisten Jungen über fünf ist ein Etagenbett oder ein erhöhtes Schlafpodest eine traumhafte Lösung. In vielen Geschäften gibt es Etagenbetten aus Stahlrohr zu kaufen, die weitaus stilvoller sind als solche aus lackierter Kiefer. Wenn Sie lieber ein Podest bauen möchten, bietet sich eine Mischung aus modernen Materialien an: rost-

UNTEN: **Ein Kinderwaschbecken – vielleicht ursprünglich aus einem Waschraum für Kinder – ist ein Segen im Schlafzimmer, denn es erleichtert das Zähneputzen. Kleine Finger kommen besser mit kreuzförmigen Wasserhähnen zurecht. Hier ist auch der ideale Platz für ein Medizinschränkchen, in dem das Thermometer und andere wichtige Dinge aufbewahrt** werden können; es sollte jedoch hoch genug an der Wand hängen und gut verschließbar sein.

In Flinns Zimmer bietet eine mit Vorhang abgetrennte Nische zusätzlichen Stauraum. Wenn ein großer Kleiderschrank ein kleines Schlafzimmer zu dominieren droht, kann man hier gut Spielzeug und Kleidung verschwinden lasen.

DIESE UND RECHTE SEITE:
Statt der traditionellen Schlammfarben prägen hier ausgefallene, lebendige Töne ein modernes Jungenzimmer, in dem der achtjährige Gabriel wohnt. Mit einer mutigen Farbpalette lässt sich ein fröhlicher Kontrast zu khakifarbenem Kriegsspielzeug und schwarzen Plastikfiguren herstellen. Ermutigen Sie Ihren Sohn, kreativ mit dem Pinsel umzugehen und besondere Details selbst zu gestalten – Kleckse um die Lichtschalter oder kontrastreiche Flächen auf der Innenseite der Türrahmen und Regalwände. Mit einem widerstandsfähigen, leuchtenden Anstrich kann man Dielen ein praktisches Finish verleihen. Ein Etagenbett in einem kleinen Zimmer (selbst wenn es nur von einem Kind bewohnt wird) ist eine sehr gute Lösung, denn es dient nicht nur als Schlafplatz, sondern auch als Klettergerüst oder bietet Platz für einen Freund, der über Nacht bleibt. Ein speziell angefertigter Tisch aus MDF ist lustiger als ein traditionelles Design. Stellen Sie so viele Möbel wie möglich an die Wand, damit Platz für so wichtige Dinge wie Tischfussball, Sandsack, Dartscheibe oder Basketballkorb bleibt.

freier Stahl, Sperrholz, Buche oder gestrichenes MDF. Vor allem kommt es auf Sicherheit und leichten Zugang an. Die offene Seite des Bettes sollte ein Schutzgeländer haben, damit Ihr kleiner Junge während eines unruhigen Traums nicht herausfallen kann. Aber das Bett muss auch leicht zugänglich sein, damit Laken und Decken ordentlich an den Seiten festgesteckt werden können. Um in das obere Bett zu gelangen, ist eine Leiter die beste Lösung, aber vergewissern Sie sich, dass sie gut verankert ist. Auch Metallsprossen, sicher an der Stützwand unter oder neben dem Bett angebracht, sehen gut aus. Wenn genügend Platz vorhanden ist, bietet eine aus riesigen Bauklötzen gestapelte Treppe einen ausgefallenen Zugang zum Bett. Jungen schätzen kleine Extras wie Mini-Rutschen, Strickleitern oder Rampen (perfekt, um zwei Etagenbetten miteinander zu verbinden, wenn zwei Kinder sich ein Zimmer teilen). Auch Flächen aus Segeltuch oder Leinwand, an denen man etwas befestigen kann, eignen sich gut für fantasievolles Spiel.

Ein erhöhtes Bett schafft besonders in einem kleinen Zimmer mehr freie Bodenfläche zum Spielen. Darunter lassen sich Regale und eine großzügige Arbeitsplatte anbringen, während ein niedrigeres Bett mit vielen Schubladen versehen werden kann. Egal, für welche Version Sie sich entscheiden: Um nicht zu viel des kostbaren Fußbodens zu beanspruchen, sollten die restlichen Möbel des Schlafzimmers möglichst schmal und zweckmäßig oder zumindest beweglich sein, um sie während des Spielens gegen die Wand schieben zu können. Oder bringen Sie Rollen unter den Möbeln an, von der Kommode bis zum niedrigen Spieltisch. Noch besser ist es, den Boden frei zu halten, etwa durch an der Wand angebrachte Bücherregale, Körbe für verschiedenen Krimskrams, Kleiderhaken und an der Decke befestigten Sitzmöglichkeiten – vielleicht eine Hängematte oder ein frei schwingender Schalensessel.

Jungen brauchen praktische, gut durchdachte Aufbewahrungsmöglichkeiten, um ihre Sachen in Ordnung zu halten. Da sich die meisten nur wenig für Kleidung interessieren und dafür, sie wegzuräumen, sollten Sie für ein möglichst unkompliziertes Ordnungssystem sorgen. Regalbretter in einem Schrank sind die beste Lösung, aber richten Sie für T-Shirts, Jeans und ähnliches separate Fächer ein. Eine andere Lösung sind schachtelförmige, rund um das Zimmer aufgestellte Schränke, die jeweils bestimmten Kleidungsstücken zugeordnet sind. Ausgestattet mit einer Tür aus Edelstahl oder farbigem MDF erinnern sie an einen Spind. Auf den Schränken können Sport-Trophäen oder Spielzeug abgestellt werden. Eine

» Ich mag mein Bett, weil ich oben schlafen kann. Manchmal übernachtet ein Freund bei mir und schläft unten. Die Farben sind toll, weil sie mein Zimmer zu etwas Besonderem machen. «

GABRIEL, 8 JAHRE

Kleiderstange ist nicht unbedingt nötig. Bringen Sie stattdessen eine Reihe von Haken in kindgerechter Höhe an, an denen Ihr Sohn seine Schlafanzüge und alles, was auf dem Boden liegt, aufhängen kann. Gehen Sie nicht davon aus, dass er seine Schuhe ordentlich hinstellt und besorgen Sie einen großen Korb, in den alle Schuhe hineinwandern, wenn es Zeit zum Aufräumen ist.

Je älter ein Kind wird, desto mehr Zeit verbringt es damit, in seinem Zimmer zu spielen. Das ideale Lagersystem für Spielzeug besteht aus vielen kleinen Kisten oder Schachteln, in denen auch winzige Dinge wie Autos, Lego-Steine oder Plastik-Tiere ordentlich aufbewahrt werden können. Bücherregale und vielleicht ein geräumiger Schrank für größere Sachen wie etwa ein Indianerzelt oder die Sportausrüstung sind ebenfalls sinnvoll. Das Spielen macht keinen Spaß, wenn die Sachen durcheinander sind, und die meisten Kinder wissen ein übersichtliches Zimmer sehr zu schätzen. Ein einfaches Schrankelement aus Holz oder Melamin mit Fächern für Spielzeugkisten ist eine vernünftige Lösung und sieht modisch aus, wenn die Kisten in lustigen Farben angestrichen sind. Wenn Ihr Budget es erlaubt, sehen Sie sich in modernen Einrichtungsgeschäften nach Möbeln aus Polypropylen um, z. B. Schubladenschränke auf Rollen oder Klapptische, die vielseitige Aufbewahrungsmöglichkeiten bieten und mit ihrem Kind wachsen. Wenn der

UNTEN: **Ein antikes Bett aus dunklem Holz kann so gestaltet werden, daß es mit seinem Besitzer wächst. Hier verhindert eine bunte Mischung von Accessoires, dass das Zimmer zu erwachsen aussieht: ein Nachttisch in Giraffendekor, eine Flagge an der Wand, karierte Kissen und eine Patchwork-Decke sind lustige Ideen.**

Raum knapp ist, eignen sich große flache Kisten mit vielen Fächern gut als Schubladen, die man mit Rollen versehen und unter das Bett schieben kann.

Lassen Sie Ihrem Sohn seine Leidenschaft für komplexe Bauwerke, sei es ein Haus aus Lego-Steinen oder eine Spielzeugburg, und bieten Sie ihm den richtigen Platz, um sie aufzustellen. Der Boden ist kaum der beste Ort dafür, denn besondere Schätze müssen zum Saubermachen fortgeräumt werden. Besorgen Sie einen niedrigen Tisch und machen Sie vom Aupair-Mädchen bis zu den anderen Geschwistern allen klar, dass dieser Bereich tabu ist. Die Oberfläche des Tisches sollte aus einem robusten Material wie Edelstahl oder Wachstuch bestehen, dann ist es nicht schlimm, wenn beim Basteln Kleber oder Farbe daneben gehen. Außerdem brauchen Jungen einen Schreib- oder Computertisch, an dem sie arbeiten können, sowie eine helle Lampe und einen guten Stuhl. Möbelgeschäfte bieten schöne Drehstühle aus Metall oder buntem Plastik an.

Bieten Sie Ihrem Sohn eine Möglichkeit, seine Schätze wie Taufgeschenke, selbst gebastelte Modelle und Spielzeugautos zu präsentieren. Eine dicke, über dem Bett angebrachte MDF-Platte in einer kräftigen Farbe oder ein Regal aus Edelstahl für einen größeren Jungen sind eine gute Lösung. Da kleine Jungen fast immer auf dem Boden spielen, sollte der Belag nicht nur strapazierfähig und attraktiv, sondern auch glatt sein. Nichts ist

UNTEN: **Manche Jungen mögen gerne ein übersichtliches, sparsam eingerichtetes Zimmer. Lockern Sie den Militärlook mit ein paar verrückten Akzenten auf. Der grüne Boden aus Gummi, das Sternenbanner und der Kuhfell-Teppich machen dieses Zimmer so cool wie eine Teenagerbude.**

DIESE UND RECHTE SEITE: Kräftige, leuchtende Farben auf allen Oberflächen, von den Wänden bis zu den Möbeln, verwandeln ein gewöhnliches Schlafzimmer in ein fröhliches Spielzimmer – meist die beste Lösung für einen großen, hellen Raum. Aber hören Sie nicht bei den Wänden auf, sondern streichen Fußleisten, Schranktüren, Bett und Bücherregal in witzigen Smarties-Farben. Dunkle Holzdielen schaffen ein Gegengewicht zu dieser bunten Farbpalette, und ein Baumwollteppich bietet eine bequeme Unterlage zum Spielen. Im Zimmer dieses fünfjährigen Jungen ist die Bettwäsche farblich auf die Wände abgestimmt – eine Mischung aus verrückten Streifen, Tieren und exotischen Früchten.

frustrierender, als mit Autos auf schlecht geschliffenen Holzdielen zu spielen oder Soldaten auf unebenem Sisal aufzustellen. Weitaus praktischer und schicker sind gestrichene oder gewachste Holzdielen, Laminat oder bunte Gummifliesen. Dielen müssen nicht unbedingt in ihrer natürlich Farbe belassen werden; für einen Autofan können sie mit Straßen, Grasstreifen und Dächern versehen und für einen Weltraumfan in leuchtendem Dunkelblau mit gelben Planeten gestaltet werden. Aber Jungen legen auch Wert auf Komfort und freuen sich über einen Teppich in ihrem Zimmer. Wählen Sie ein abstraktes Erwachsenendesign in fröhlichen Farben, das auch Kindern gefällt. Manche Versandkataloge für Kindermöbel bieten Teppiche mit einem Hüpfkästchen-Muster an, auf denen man sowohl spielen als auch sitzen kann. Ein Teppich kann der Ausgangspunkt für ein einfaches Dekorationsthema sein: Ein Zebramuster, kombiniert mit einer Tagesdecke in Leopardendesign erinnert an das *Dschungelbuch*, während ein Freund von Traktoren und Bauernhöfen an einem Teppich aus Kunstrasen Spaß haben wird.

Auch wenn sie instinktiv auf Farben und Muster reagieren, zeigen kleine Jungen meist weniger Interesse als Mädchen, wenn man sie bittet, eine Farbe für die Wände oder ein Dekorationsthema auszusuchen. Zwingen Sie Ihren Sohn nicht, sondern streichen Sie die Wände Weiß und fügen bunte Farbtupfer hinzu – rot-weiß-gestreifte Bettwäsche, eine riesige Pinnwand aus orangefarbenem Filz und Kuschelsäcke in Zitronengelb oder Indigo. Ihr Sohn wird Ihnen bald sagen, ob die Farben ihm gefallen. Falls einfache weiße Wände zu langweilig sind, gibt es viele lustige Dekorationsmöglichkeiten, um sie interessanter zu gestalten. So kann man beispielsweise eine Wand vom Boden bis zur Decke mit einer riesigen Flagge bespannen, bunte Landkarten aufhängen, eine große Tafel zum Malen anbringen, oder eine Tapete in Silbermetallic wählen, die sich fantastisch als Hintergrund für Weltraumbilder eignet. Sorgfältig ausgesucht, sehen auch große Requisiten vor einer leuchtend farbigen Wand sehr modern aus. Wie wäre es mit einem Boogie-Board, einem großen Fischernetz mit Plastikfischen oder einer Reihe großer Dinosaurier, die an der Decke entlang stapfen?

Wenn Ihr Kleiner einen Narren an einer bestimmten Comicfigur wie Donald Duck oder Batman gefressen hat, schenken Sie ihm ein großes Bodenkissen mit dem entsprechenden Motiv oder ein riesiges Poster und ignorieren Sie weitere Wünsche. Die Marotten kommen und gehen, und im nächsten Jahr wird ihr Sohn eine andere Phase

Bieten Sie Ihrem Sohn eine Möglichkeit, seine Schätze wie Taufgeschenke, selbst gebastelte Modelle und Spielzeugautos zu präsentieren. Eine dicke, über dem Bett angebrachte MDF-Platte in einer kräftigen Farbe oder ein Regal aus Edelstahl für einen größeren Jungen sind eine gute Lösung.

DIESE UND LINKE SEITE:
Details sind in einem Kinderzimmer genauso wichtig wie in dem eines Erwachsenen. Ornamente können bunt und lustig sein, aber viele Kinder stellen auch gerne ihre Taufgeschenke aus. Bieten Sie Jungen viel Platz, um ihre Kreationen aus Pappmaschee und ihre Schätze zu zeigen. Ein Regal (links) kann das dekorative Kernstück eines Zimmers sein. Es muss nicht immer makellos ordentlich sein: Sie werden den chaotischen Charme des Durcheinanders von Kindern schätzen lernen! Kinder lieben es, ihren Namen geschrieben zu sehen. Buchstaben auf der Tür (unten links) sehen wichtig aus, ebenso wie alles mit einem Monogramm Versehene.

durchmachen. Ein allgemeines, sorgfältig ausgearbeitetes Thema ist weitaus beständiger und dient als eine Art dekorativer »Aufhänger«. Schaffen Sie einen neutralen Hintergrund mit einfach gestrichenen Wänden und einem weißen Rollo, und greifen Sie verschiedene Themen wahlweise auf. Ausgestattet mit grünem Gummiboden, Möbeln mit Kuhfell-Muster und einer blauen Decke erinnert das Schlafzimmer an einen Bauernhof, während Ihr Sohn in einem Raum mit Holzdielen, Fenstern in Form von Bullaugen und Bettbezügen mit aufgedruckten Schiffen jede Nacht Abenteuer auf See bestehen kann. Für welches Thema Sie sich auch entscheiden, die Hauptelemente sollten preiswert und leicht austauschbar sein.

Jungen mögen zwar ausgelassen und ständig beschäftigt sein, aber es gibt Zeiten, in denen sie einen besonderen Platz in ihrem Zimmer brauchen, um sich ausruhen und mit Freunden zusammen sein zu können. Wenn kein Platz für ein Sofa ist, geben Sie Ihrem Sohn die Möglichkeit, sein Bett in eine »Saloncouch« zu verwandeln. Jungen lieben Stoffe, die sich gut anfühlen. Halten Sie Bettbezüge und Laken in kräftigen, klaren Farben (Jersey ist ein guter Stoff für Bettwäsche), und fügen sie eine karierte Wolldecke hinzu. Eine große Decke aus Fleece in leuchtendem Blau oder Grasgrün sieht hübsch als Tagesdecke aus. Oder nähen Sie weiche Kissen aus einem aufgeschnittenen alten Schlafsack. Geben Sie einem Jungen

LINKE SEITE: **Dieses Kinderzimmer wurde von einem Loft abgetrennt. Der Schrank aus Sperrholz fungiert als Trennwand zum Wohnbereich, wo die Rückseite ebenfalls als Bücherregal genutzt wird. Hohe Decken können unpersönlich wirken, aber durch ein Bett mit hohen Seitenteilen lässt sich problemlos ein gemütliche Ecke für einen kleinen Jungen schaffen.**

LINKS: **Kinder schlafen gerne in Ecken oder Nischen. Nutzen Sie den Platz unter den Schrägen also nicht unbedingt für einen Schrank. Ein eingebautes Bett kann viel mehr Spaß machen. Arbeiten Sie mit vorhandenen Formen: Hier ist ein Bücherregal Teil des Designs, aber zusätzlicher Raum kann ebensogut für einen Geheimschrank genutzt werden.**

DIESE UND RECHTE SEITE: **Besonders in einem kleinen Zimmer kann man mit einem Hochbett enorm viel Platz sparen. Hier wurde durch ein solches Bett Stauraum für Kleidung und Spielzeug zu beiden Seiten des Durchgangs gewonnen. Das großzügige Bücherregal ist an der Wand aufgehängt, damit es die Spielfläche** **nicht einschränkt. Dieses Zimmer zeigt anschaulich, wie man das klassische Jungenthema – Schiffe – neu interpretieren kann, ohne alles mit Motiven zu bedecken. Das runde Fenster, die an Schiffsplanken erinnernden Bodendielen und das Bettgeländer aus Metall lassen an eine schnittige Yacht denken.**

die Gelegenheit, durch die Art der Beleuchtung seine eigene, persönliche Atmosphäre zu schaffen. Eine Lavalampe am Bett, ein Leuchtglobus auf dem Schreibtisch oder eine bunte Lichterkette sind gute Möglichkeiten. Mit besonderen Extras wie einem Kicker, einem Sandsack oder einem Basketballkorb wird das Zimmer ihres Sohnes die coolste Höhle, die er sich vorstellen kann.

» Abends klettere ich gern die Bettleiter hoch. Da oben ist ein besonderer Ort. «

CHRISTY, 7 JAHRE

Gemeinsame Zimmer

Geschwister, die sich ein Zimmer teilen, brauchen klar markierte persönliche Bereiche, ihre privaten Ecken und eine Einrichtung, die beiden gefällt. Besorgen Sie alles in doppelter Ausführung, und schaffen Sie Ihren Kindern eine fröhliche Umgebung, die ideal für gemeinsames Spiel und abendliche Unterhaltungen, aber ruhig genug ist, um darin gut schlafen zu können.

4

Viele Geschwister teilen sich ein Zimmer. Als Eltern denken Sie vermutlich sofort an die Nachteile: unterschiedliche Schlafenszeiten, Diskussionen über Territorien, ein Kind muss Hausaufgaben machen, während das andere sich lieber unterhalten möchte. Aber das alles muss kein Albtraum sein. Jeder Erwachsene, der sich in seiner Jugend ein Zimmer mit Geschwistern geteilt hat, erinnert sich gerne daran, wie spannend es war, beim Licht einer Taschenlampe gemeinsam zu lesen, und wie toll es war, so viele verschiedene Spielsachen zu haben. Zudem ist es ein großes Geschenk, jeden Morgen neben den Geschwistern aufwachen und abends mit ihnen einschlafen zu können. Seien Sie also zuversichtlich, wenn Sie ein gemeinsames Zimmer einrichten, und alle werden an den Ergebnissen Freude haben. Vielleicht wollen sogar jüngere Geschwister auch gerne dort wohnen.

Die Abgrenzung des Territoriums ist sehr wichtig. Von klein an haben Kinder gerne ihren persönlichen Raum, in dem sie ihre speziellen Schätze aufbewahren und in den sie sich zum Spielen mit Freunden zurückziehen können. Wenn die Kinder noch klein sind, müssen Sie selbst darüber entscheiden, wer welchen Bereich bekommt, aber ältere sollte man in diese Überlegungen einbeziehen. Beginnen Sie mit einem Grundplan, und ordnen Sie darauf kleine, aus Papier geschnittene Modelle derjenigen Möbel an, die untergebracht werden müssen. So können sie sehen, was funktioniert und gut aussieht. Wenn der Raum groß ist und zwei Fenster hat, teilt man ihn am besten in der Mitte. Aber wahrscheinlich müssen ein paar Kompromisse gemacht werden, und die Zuweisung der Quadratmeter ist vielleicht nicht immer gerecht. Versuchen Sie, dafür einen fairen Ausgleich zu schaffen. Wenn ein Geschwisterteil das Fenster bekommt, geben Sie dem anderen den Kaminsims, um Dinge aufzustellen.

Kinder finden es spannend (und Sie selbst vernünftig), eine formale Trennung der Territorien vorzunehmen. So können sie sich bei einem Streit oder wenn Freunde zu Besuch sind, in ihren privaten Bereich zurückziehen. Entscheiden Sie zuerst, wie die Aufteilung des Zimmers hergestellt werden soll. Für kleinere Kinder ist eine optische Raumaufteilung besser, denn sie empfinden es als beruhigend, wenn die Betten dicht zusammen stehen, und auch für Sie ist es so einfacher, ihnen gemeinsam eine Geschichte vorzulesen. Ein Zimmer lässt sich mit lustigen bunten Fußabdrücken auf dem Boden oder mit dicken Pfeilen an der Wand gliedern. Ältere Geschwister haben Spaß an fantasievollen Lösungen. Wie wäre es mit einer raumhohen

DIESE UND LINKE SEITE:
Die einheitliche Grundausstattung ist eine Möglichkeit, ein Zimmer für Bruder und Schwester einzurichten. In diesem Raum, den sich ein dreijähriges Mädchen und ein siebenjähriger Junge teilen, sorgen lackierte Dielen, Metallschränke und identische Betten für einen neutralen Hintergrund. Verleihen Sie den Bereichen der Kinder einen eigenen Charakter, indem Sie das Bett zum Blickfang machen. Streichen Sie die Wand dahinter für ein Mädchen in leuchtendem Orange oder Pink, für einen Jungen in gedämpfteren Tönen. Möchten die beiden Geschwister lieber an entgegengesetzten Enden des Zimmers schlafen oder dichter beisammen? Zu den gemeinsam genutzten Möbelstücken sollten beide leicht Zugang haben.

DIESE UND RECHTE SEITE:
Eine individuelle Gestaltung der Wand neben dem Bett ist eine gute Möglichkeit, die Bereiche der Geschwister zu markieren. Hier bieten kräftige Farben einen fröhlichen Hintergrund für eine bunte Mischung aus Puppenkleidchen, Bildern und Fotos. Legen Sie für Ihr Kind eine kreative Sammlung an und ermutigen es dann, sie im Laufe der Zeit weiter zu ergänzen. Gebrauchte Möbel sind ideal für ein Kinderzimmer. Wenn ein Stück nicht in tadellosem Zustand ist, macht es nichts, wenn es den einen oder anderen Kratzer zusätzlich abbekommt. Am besten eignen sich Möbel mit praktischen, leicht zu reinigenden Oberflächen.

Schiebewand aus MDF oder einer Trennwand aus Gipskarton mit ausgeschnittenen Bullaugen, damit die Kinder miteinander reden können? Jungen mögen vielleicht eine individuell angefertigte Trennwand aus gelochtem Stahl, die sie vor das Bett rollen können, Mädchen lieben oft Himmelbetten, behängt mit Schleierstoff oder Organza, um sich zurückzuziehen.

Wenn Ihre Sprößlinge gut miteinander auskommen, teilen Sie das Zimmer in separate Schlaf-, Spiel- und Arbeitsbereiche statt in zwei getrennte Zonen mit Bett, Kommode etc. Dies ist die vernünftigste Lösung für ältere Kinder oder falls wenig Platz ist. Etagenbetten oder Schlafecken auf einem gemeinsamen Hochbett lassen sich vom Spielbereich durch eine Schiebetür oder einen zarten Vorhang abtrennen. Die Geschwister können entweder gemeinsam an einer langen Arbeitsplatte oder an zwei identischen, nebeneinander aufgestellten Schreibtischen sitzen. Wenn ältere Kinder sich so nicht gut konzentrieren können, stellen Sie eine Trennwand aus Sperrholz auf, die gleichzeitig als Pinnwand fungieren kann. Die übrige Bodenfläche kann zum Spielen genutzt werden und macht ein zusätzliches Spielzimmer überflüssig.

Wenn Bruder und Schwester sich ein Zimmer teilen, besteht das größte Problem wahrscheinlich darin, die unterschiedlichen Vorlieben zu verbinden. Streichen Sie einen Raum für kleine Kinder weiß oder in einer kräftigen Farbe und konzentrieren Sie sich auf eine individuelle Gestaltung der Betten. Zwei identische, nebeneinander stehende Betten sehen sehr schön aus, aber Sie sollten sie mit unterschiedlicher Bettwäsche beziehen – vielleicht das gleiche Design in zwei kontrastierenden Farben. Setzen Sie das Thema fort, indem Sie auch Nachtische, Teppiche und Lampenschirme der Kinder farblich aufeinander abstimmen. Wenn die Geschwister in einem Etagenbett schlafen, ist Individualität besonders wichtig. Geben Sie den einzelnen Ebenen mit Lieblingsspielsachen und gemütlichen Kissen eine persönliche Note oder stimmen Sie den Look durch verschieden gemusterte Bettbezüge in harmonisierenden Farbtönen ab.

Wenn es um die Farbe der Wände geht, studieren ältere Geschwister gerne Farbpaletten, um einen Ton zu finden, auf den sich beide einigen können. Vorausgesetzt, die Farbtöne harmonieren miteinander, können ausgefallene und doch klare, moderne Kombinationen hergestellt werden.

Wählen Sie drei Töne für ein einheitliches Farbschema, davon einen für die Wand am Kopfteil des Mädchens und einen anderen für die Wand am Kopfteil des Jungen. Ein neutraler Ton wirkt gut mit leuchtenden Farben. Wenn Ihre Tochter also unbedingt Knallrosa möchte und ihr Sohn auf Tarnfarben steht, streichen Sie seinen Bereich in einem kräftigen Khaki. Der dritte Farbton kann auf einer Seite in Form eines Kissenbezugs und auf der anderen als Bilderrahmen erscheinen. Alle vier Wände in kontrastierenden Farben zu streichen, mag zwar gewagt klingen, sieht aber in Kombination mit weißer Bettwäsche und einem Holzboden sehr gut aus.

Die unterschiedlichen Vorlieben der Kinder in punkto Muster sind ein größeres Problem. Mit Karos, Streifen oder Punkten machen sie nichts falsch, aber wenn kleine Mädchen lieber etwas Geblümtes möchten, passen beispielsweise Bezüge in abstraktem Blumenmuster gut zu den Autos auf der Bettwäsche des Jungen. Ein fantasievolles Wandbild gefällt wahrscheinlich beiden, aber die Motive sollten möglichst einfach und klar gehalten

» *Ich mag mein Zimmer, weil dort überall mein Name steht. Und ich mag das Bücherregal. Jetzt muss ich meine Bücher nicht mehr unter dem Bett aufbewahren.* «

GEORGIA, 6 JAHRE

In einem Zimmer für zwei Mädchen können die dekorativen Details ein wenig üppiger ausfallen. Beide fordern vielleicht Rosa, aber kühlere Farbtöne wie ein sanftes Blau oder blasses Rot sehen ebenfalls hübsch und elegant aus. Wenn beiden Mädchen die Einrichtung gefällt, können die meisten Möbel identisch sein. Hier entsteht durch die Symmetrie der nebeneinander aufgestellten Schlittenbetten und der beiden Stühle eine ruhige Atmosphäre. Teilen Sie die besten Elemente des Zimmers gerecht auf: Hier hat ein Kind den Blick aus dem Dachfenster, während das andere das Licht ausmachen kann. Mit Holzbuchstaben an der Wand (linke Seite) lässt sich dezent ein persönlicher Bereich markieren.

DIESE UND RECHTE SEITE:
Eine gute Möglichkeit, dem
Problem des unterschied-
lichen Geschmacks der Ge-
schwister aus dem Weg zu
gehen, ist ein buntes, das
gesamte Zimmer beherr-
schendes Wandbild. Es
macht Grenzen überflüssig,
weil das Zimmer zu einer
Einheit wird, zu einem
Raum für alle und einem
magischen Ort, wo die
Kinder schlafen und auf-
wachen. Mit einem Wand-
bild lassen sich oft auch
schwierige Raumsituationen
geschickt lösen: In dem
Zimmer von Millie, Florence
und Isabel inspirierte der
Kaminsims zu der Idee des
Baumes. Nutzen Sie ein
Wandbild, um die Fantasie
anzuregen. Wem macht es
schon etwas aus, ein Regal
zu teilen, wenn alle ihre
Bücher auf einem Ast ab-
stellen können?

» *Meine Schwester Sophie und ich unterhalten uns,
wenn das Licht aus ist, und planen Mitternachtsfeste.* «

JACK, 7 JAHRE

werden. Denken Sie an ein Wandbild, sollten Sie sich für ein allgemeines Thema entscheiden, weil es nicht so schnell überholt ist. Gut ausgeführt, kann eine Waldhöhle, ein Himmel oder eine Mondlandschaft ein einfaches Zimmer komplett verwandeln. Denken Sie daran, dass Kinder kleine Details lieben. Zwei riesige grüne Blätter auf einer weißen Wand, übersät mit roten und schwarzen Blattläusen sorgen lange für Spaß beim Zubettgehen. Die übrigen Details sollten jedoch einfach sein. Zurückhaltende Fensterdekoration, schlichte Bettwäsche, einfache Kopfteile und ein moderner Boden aus Holz oder Gummi verhindern ein allzu niedliches Gesamtbild. Vielleicht lässt sich eine fantasievolle Beleuchtung in das Wandbild integrieren. Funkelnde Leuchten an einem »Bootsmast« oder ein Sternenhimmel haben für kleine Knirpse kurz vor dem Einschlafen etwas Magisches.

Wenn gleichgeschlechtliche Geschwister sich ein Zimmer teilen, können Sie ganz im Zeichen von typischen Mädchenträumen oder Leiden-schaften von Jungen stehen. Die verschiedenen Accessoires in doppelter Ausführung sollten jedoch individuell gestaltet werden, damit jeder weiß, wem was gehört. Vielleicht möchten Sie das Thema lieber subtil durch unterschiedliche Farben zum Ausdruck bringen: Rosa für die Möbel und Spielzeugkisten des einen Kindes, Grün für die des anderen. Bettzeug, Wäschesäcke, Lampenschirme und Sessel mit losen Bezügen können durch ein großes Monogramm individuell gestaltet werden. Oder geben Sie jedem Kind ein klar erkennbares Motiv – vielleicht ein Auto für das eine und einen Schmetterling für das andere. Jedes Kind braucht seinen individuellen Bereich, um Dinge wie Muscheln, Fotos oder eingerahmte Urkunden auszustellen. Ein Stück Wand oder eine Pinnwand für die eigenen Kunstwerke ist ebenfalls wichtig.

Manche Kinder sind unordentlich, andere hingegen peinlich sauber. Um Streitereien wegen des Aufräumens zu vermeiden, sollte jedes Kind

Zwei im rechten Winkel aufgestellte Divanbetten und
ein gemeinsamer stabiler
Nachttisch sind eine ver-
nünftige Lösung für kleine
Kinder. Für Molly und Eli
besteht nicht die Gefahr,
Möbel umzustoßen; sie können sich im Bett unterhalten
und haben gleichzeitig ein
wenig Privatsphäre. In einem gemeinsamen Zimmer
sind effiziente Möbel sehr
wichtig. Besonders praktisch
sind Spielzeugschubladen
unter dem Bett und niedrige
Divanbetten, die tagsüber
als Sofa fungieren können.
RECHTE SEITE: Ein Zimmer
zu teilen soll Spaß machen.
Eine gute Investition ist die
Anfertigung eines großen
Podestes, auf dem zwei
Kinder schlafen können
und auch genügend Platz
zum Spielen haben.

eine eigene Kommode, einen eigenen Schrank und ein eigenes Regal haben. Außerdem brauchen beide einen Nachttisch mit einer Leselampe und etwas zu trinken für die Nacht. Die Spielsachen der Geschwister getrennt aufzubewahren, macht keinen Sinn, denn wenn sie sich ein Zimmer teilen, werden sie auch die Spielsachen zusammen benutzen. Es ist jedoch eine gute Idee, für jedes Kind ein paar Kisten mit Deckel bereitzustellen, damit besonderes Spielzeug wie Barbiepuppen oder Pokémon-Karten vor kleineren Geschwistern in Sicherheit gebracht werden können. Da ein gemeinsames Schlafzimmer häufig auch als Spielzimmer dient, sollten Sie dafür sorgen, dass alles schnell fortgeräumt und hinter verschlossenen Türen versteckt werden kann. Zwei leicht aufgekratzte Kinder ins Bett zu bringen, ist schon anstrengend genug, ohne dass Spielsachen verlockend aus Weidenkörben herausschauen.

Wenn Sie sich für eine stimulierende Einrichtung entschieden haben, bietet eine flexible Beleuchtung die Möglichkeit, zur Schlafenszeit Ruhe einkehren zu lassen. In einem gemeinsamen Zimmer ist dies besonders wichtig. Kinder verschiedenen Alters haben vielleicht unterschiedliche Schlafenszeiten; während das ältere eine gut abgeschirmte Leselampe benötigt, braucht das jüngere vielleicht sanftes Nachtlicht. Zum Spielen geben Deckenleuchten mit niedriger Spannung helleres Licht als eine einzelne Deckenlampe, jedoch sollten sie für die Nacht mit einem Dimmer ausgestattet sein. Wie wäre es mit

Wenn sie ein Etagenbett bekommen, werden sich die meisten Brüder begeistert ein Zimmer teilen, auch wenn es sehr wahrscheinlich Diskussionen darüber geben wird, wer oben schlafen darf. Das Zimmer dieser beiden älteren Jungen erinnert mit den weißen Fensterläden, den nüchternen Holzdielen und praktischen Metallbetten an den Schlafsaal in einem Ferienlager; der Stil wird durch die puristischen Möbel – ein Schubladenschrank, zwei Truhen mit Initialen und Aluminiumstühle – perfekt ergänzt. Dazu gehören auch ein gemeinsam genutzter Kleiderschrank und identische Bettwäsche.

einer verrückten Beleuchtung, die beiden Geschwistern gefällt? Eine riesige, an die Wand projizierte Uhr, oder ein beleuchtetes Aquarium sehen interessant aus. Wenn Kinder gerne ein Zimmer teilen, wird es zu einer richtigen Höhle, zu ihrem privaten Reich, in das sie sich zurückziehen und sich ausruhen können. Stellen Sie ein Ruhebett, eine Chaiselongue oder einen aufblasbaren Sessel und für die älteren vielleicht einen Fernseher in den Raum, falls er groß genug ist. Ein jüngeres Kind, das sich nicht mit Geschwistern ein Zimmer teilt, kann das Tagesbett (oder die Schlafcouch) am Wochenende benutzen, wenn alle einverstanden sind. Denn auch Kinder ohne eigenes Zimmer, sollten die Möglichkeit haben, gelegentlich alleine zu schlafen, etwa im Gästezimmer oder auf einem Sofabett. Kinder wie Erwachsene brauchen manchmal eine Auszeit.

» *Ich teile gern. Aber Bo tritt immer gegen mein Bett.* «

TUCKER, 11 JAHRE

Bade zimmer

Planen Sie ein praktisches, originelles Badezimmer. Ein Familienbad sollte nicht nur den Erwachsenen gerecht werden, sondern auch für Kinder geeignet sein. Flexible Aufbewahrungsmöglichkeiten und neutrale Farbtöne sind der Schlüssel zum Erfolg.

5

Das Bad ist einer der meist genutzten Räume des Hauses. Es muss effizient für das Waschen und Zähneputzen vor der Schule, aber auch gemütlich genug sein, um sich mit Spaß der Körperpflege zu widmen. Möchten Sie Ihre Sprößlinge zum regelmäßigen Waschen ermutigen, haben Sie schon so gut wie gewonnen, wenn Sie das Bad zu einem verlockenden Ort machen, an dem man gerne Zeit verbringt. Die meisten Kinder empfinden eine Art Hassliebe für das tägliche Waschen. In der einen Woche putzten sie sich eifrig die Zähne, während sie in der nächsten partout nicht unter die Dusche wollen. Aber fast alle kleinen Knirpse finden ein warmes Bad beruhigend. Etwa ab dem siebten Lebensjahr wollen sie vielleicht nicht mehr mit ihren Geschwistern zusammen baden. Mädchen gehen gerne verschwenderisch mit Lotionen und Düften um, aber Jungen wären lieber überall, nur nicht im Bad.

Falls möglich, sollten die Kinder ihr eigenes Badezimmer haben, das auch von Gästen benutzt werden kann. Ein solches Bad können Sie mit unempfindlichen Materialien, verkleinerten Sanitärwaren und fröhlichen Farben ausstatten und subtilere Details in Ihrem eigenen Badezimmer verwenden. Wenn der Raum jedoch winzig ist, denken Sie über andere Alternativen nach. Wäre es nicht vielleicht besser, einen Raum als Familienbad einzurichten, der Platz für eine große Badewanne und einen bequemen Stuhl bietet? Oder würde sich der kleine Raum nicht besser für eine Toilette und ein Waschbecken eignen? Je nach Aufteilung Ihrer Wohnung oder Ihres Hauses ist es vielleicht angebracht, auf ein eigenes Bad zugunsten der ganzen Familie zu verzichten und sich stattdessen auf eine Dusche zu beschränken. Das Bad der Kinder sollte möglichst nahe bei ihrem Schlafzimmer liegen, damit sie nach dem Waschen schnell ihren Schlafanzug anziehen und ins Bett gehen können.

Wenn Sie ein ganz neues Bad planen, entscheiden Sie zuerst, ob Sie eine Badewanne und eine separate Duschkabine einbauen wollen, oder ob Sie die Wanne gleichzeitig als Dusche nutzen wollen. Die meisten kleinen Kinder baden lieber anstatt zu duschen. Viele mögen den Strahl einer Dusche auf ihrem Kopf nicht und haben vielleicht Angst vor dem rauschenden Wasser. Zudem rutschen Kinder, wenn sie in der Badewanne duschen, leichter aus. Wenn eine über der Wanne angebrachte Dusche die einzige Möglichkeit ist, besorgen Sie eine rutschfeste Matte

DIESE UND LINKE SEITE:
Ein Bad für die ganze Familie muss allen gefallen. Hier
sorgen ein leuchtendes Gelb
und große Dachfenster für
eine schöne Atmosphäre,
ergänzt durch buntes Spielzeug. Der Raum sollte so
groß wie möglich sein, eine
ansprechende Farbgestaltung
und möglichst viel Licht haben. Gute Aufbewahrungs-
möglichkeiten sind ebenfalls
wichtig. In diesem Bad
gibt es einen Schrank unter
dem Waschbecken sowie
kindersichere, hohe Schrank-
fächer für die Toilettenartikel
der Erwachsenen. Die beiden
Waschbecken sind ideal für
die allmorgendliche Hektik.
Der Einbau eines Wickel-
tischs ist eine gute Idee, aber
die Fächer für die nötigen
Utensilien sollten unbedingt
in Reichweite sein.

DIESE UND LINKE SEITE:
Sich im Bad aufzuhalten,
macht Kindern viel mehr
Spaß, wenn es dort dekorative Details gibt, die ihre Fantasie anregen. Aber wenn das
Bad mit Erwachsenen geteilt
wird, sollten die Sachen der
Kinder nicht alles beherr-
schen. Wenn das Dekor
einfach gehalten und weiße
Kacheln oder Holz verwendet
werden, lässt sich der Stil
leicht auf den Geschmack
von Erwachsenen abstimmen.
Zu den wichtigen Details
gehören ein Spielzeugkorb
und niedrige Regale für die
Schaumbadflaschen der
Kinder. Ein lustiger Dusch-
vorhang in schimmerndem
Silber, etwa mit 3D-Blumen
oder Taschen für Familien-
schnappschüsse sorgt für
viel Spaß. Alle Extras sind
willkommen, von einem
ausgefallenen Badezimmer-
schrank bis zum eingebauten
Aquarium.

Kinder schätzen Unabhängigkeit und sind stolz, wenn sie alleine in die Badewanne und wieder heraus klettern können. Aber wenn das Bad der Kinder auch von Gästen benutzt werden soll, stellen Sie sich einen Erwachsenen vor, der sich in eine winzige Wanne zu zwängen versucht, bevor Sie sich für ein kleines, niedriges Exemplar entscheiden.

und einen witzigen Plastikvorhang. Wahrscheinlich ist es am besten, eine richtige Dusche für Erwachsene anderswo im Haus einzurichten (vielleicht in einem Allzweckraum) und die Wanne der Kinder mit einer Handbrause zum Haarewaschen auszustatten.

Kinder schätzen Unabhängigkeit und sind stolz, wenn sie alleine in die Badewanne und wieder heraus klettern können. Aber wenn das Bad der Kinder auch von Gästen benutzt werden soll, stellen Sie sich vor, wie ein Erwachsener versucht, sich in eine winzige Badewanne zu zwängen, und entscheiden Sie sich vielleicht nicht sofort für eine niedrige, kleine Wanne. Ein großes Badezimmer hat viele Vorteile. Wenn die Geschwister zusammen baden, freuen sie sich über viel Platz zum Spielen, und eine großzügige Wanne in einem Bad für die ganze Familie ist auch für Erwachsene ein Luxus. Bringen Sie die Wasserhähne in der Mitte über der Wanne an, damit kein Kind sie beim gemeinsamen Bad im Rücken hat.

Für den morgendlichen Andrang sind zwei (oder sogar drei) Waschbecken sehr vorteilhaft. Eine Reihe kleiner Becken ist ein Blickfang und eine vernünftige Lösung, wenn der Platz knapp ist. Es gibt viele stilvolle und praktische Modelle, die für Kinder ideal sind. Kleine Schüsseln aus Edelstahl, eingelassen in einen Waschtisch aus Stein oder Holz sehen ebenso trendy aus wie altmodische Exemplare aus Porzellan. Auch kleine Becken, wie man sie in Waschräumen findet, sind eine gute Lösung. An der Wand befestigte oder eingelassene Waschbecken haben den Vorteil, dass sie für Kinder niedriger angebracht werden können. Wenn Sie ein Standard-Waschbecken in normaler Höhe haben, darf ein stabiler Hocker aus Holz oder Plastik nicht fehlen, auf den die Knirpse klettern können, um die richtige Höhe zu erreichen.

Kleine Details sorgen für die Sicherheit, die Kinder brauchen, um das Bad auch alleine benutzen zu können. Kreuzförmige Wasserhähne oder Mischbatterien sind für Kinder viel leichter zu handhaben als andere; sie lassen

LINKS: **Eine niedrige Badewanne und ein kleines Waschbecken sind eine reizvolle Lösung für ein reines Kinderbadezimmer. Badewannen mit abgerundeten Ecken sind besonders geeignet für Kinder, da sie sich nicht an scharfen Kanten stoßen können. In diesem Bad ist die dreijährige Cyprus fast vollkommen unabhängig. Renovierte Bäder in alten Häusern bieten gute Gestaltungsmöglichkeiten. Wie wäre es mit einer Badewanne in der Mitte des Raumes? Sie erleichtert das Ein- und Aussteigen, und die Wände werden nicht ständig bespritzt.**

sich besser sauber halten, wenn sie an der Wand installiert und nicht direkt am Waschbecken angebracht sind. Ein Tisch mit eingelassenem Waschbecken bietet viel Platz für alle wichtigen Utensilien. Wenn das Becken jedoch freisteht, sollte der Zahnputzbecher in einem Wandhalter untergebracht sein, damit er nicht umgeworfen werden kann. Glitschige Seifenstücke sollten durch einen Seifenspender ersetzt werden. Was ist mit der Toilette? Ein an der Wand installiertes Modell kann etwas niedriger angebracht werden. Ist die Spülung für kleine Hände leicht zu betätigen? Wenn Sie Platz haben, sollten Sie auch eine große beheizte Handtuchstange anbringen – es gibt nichts Unangenehmeres, als in feucht-kalte Tücher gehüllt zu werden.

Wenn Sie von Anfang an dafür sorgen, dass das Badezimmer hundertprozentig gegen Spritzwasser geschützt ist, können Sie Wasserschlachten gelassen entgegen sehen. Als Bodenbelag bieten sich rutschfeste Gummifliesen in bunten Farben sowie Linoleum oder Vinyl an. Mit PVC laminierte Korkfliesen gibt es häufig in Sand- oder Muscheldesign. Versiegelte oder lackierte Holzdielen sind ebenfalls geeignet, aber Achtung: Holzlaminat reagiert empfindlich auf Überschwemmungen! Kalkstein oder Schiefer sehen gut aus, sind wasserfest und fühlen sich mit einer Fußbodenheizung sehr angenehm an. Aber da sie schnell rutschig werden, wenn sie nass sind, sollte unbedingt eine saugfähige Bademate vorhanden sein. Kinder mögen auch einen mit Kieselsteinen und kleinen Muscheln besetzten Zement-Estrich, der guten Halt bietet.

Da die Wände regelmäßig Wasser abbekommen, sollten sie am besten vom Boden bis zur Decke gekachelt sein. In einem Bad nur für Kinder sehen große quadratische Kacheln in einer freundlichen Farbe lebendig

OBEN: **Mit kleinen Details wie einem leuchtend farbigen Toilettensitz und bunten Accessoires lässt sich ein kleines weißes Bad mühelos hübsch gestalten.**

RECHTS: **Die Oberflächen müssen robust und pflegeleicht sein. Kunststoffbeschichtetes Material eignet sich gut zur Verkleidung von Wanne und Wänden. Stein, von Schiefer bis Marmor, muss nicht nur Erwachsenen vorbehalten sein, denn er ist ebenso praktisch wie stilvoll.**

RECHTE SEITE: **Der besondere Luxus eines Badezimmers nur für Kinder sind kleine, in kindgerechter Höhe angebrachte Waschbecken. Vergessen Sie nicht, einen Hocker ins Bad zu stellen, damit Sie die Badefreuden beaufsichtigen können.**

In diesem Bad, das sich Erwachsene und Kinder teilen, sorgt eine tiefe, gusseiserne Wanne für einen Hauch von Luxus. Wenn Sie eine Dusche planen, installieren Sie eine übergroße Duschtasse oder eine Kabine mit seitlich angebrachten Düsen, in die alle Geschwister zusammen hineinpassen. Ein Brausekopf mit Massagefunktion sollte sich für die Kleinen auch auf einen sanfteren Strahl einstellen lassen.

RECHTE SEITE: Wenn Sie über genügend Platz verfügen, sind zwei Waschbecken eine perfekte Lösung für ein gemeinsames Bad. Mit einer kleinen Trittleiter kann der fünfjährige Gussie mühelos sein Waschbecken erreichen. Eines der beiden Becken sollte nur für die Kinder reserviert sein und eine Ablage für Zahnbürsten und Seife haben; die Toilettenartikel der Erwachsenen werden auf dem anderen Becken abgestellt.

und modern aus. Sie können mit einem gestrichenen Holzboden oder mit Ablagen aus beschichtetem Holz farblich abgestimmt werden. Weiß gestrichene Backsteine in einem Familienbadezimmer wirken elegant und harmonieren ebenso gut mit bunten Spielsachen wie mit den Accessoires der Erwachsenen. Mit Kalkstein oder Marmor verkleidete Wände sind eine weitere Option, aber verzichten Sie in jedem Falle auf Glas oder Edelstahl, denn darauf sieht man jeden Wassertropfen. Kunststoffbeschichtetes Material, das es in vielen schönen Farben gibt, eignet sich nicht nur gut zur Wandverkleidung, sondern auch als Tür für einen Kosmetikschrank.

Sie können den Raum auch mit einer entsprechend gestrichenen Holzvertäfelung oder mit eierschalfarbenen MDF-Platten auskleiden, denen Wasserspritzer und Dampf nichts ausmachen. Wenn die sanitären Einrichtungen weiß sind, gestalten Sie die Wände bunt – Grasgrün und Türkis sind besonders geeignet. Malen Sie breite horizontale Streifen auf die Wände oder setzen Sie Akzente durch verschiedenenfarbige Türen von Einbauschränken. Für ein Bad, das die ganze Familie benutzt, sollten Sie sich ein chamäleonartiges Farbschema ausdenken: Eine edle Oberfläche wie Kalkstein, kombiniert mit einer ruhigen Palette aus Braungrau, Flieder oder Nilgrün garantiert ein Badezimmer, das erwachsen und stilvoll wirkt, wenn die Sachen der Kinder fortgeräumt sind, aber dennoch einen passenden Hintergrund für Badespielzeug aus Kunststoff bietet. Setzen Sie sich gegen die Vorliebe von Kindern für grelle, mit Figuren bedruckte Handtücher durch und wählen Sie unifarbene, um das Gesamtbild des Raumes abzurunden.

Planen Sie viel Stauraum für alle Badezimmerutensilien sowie ein verschließbares Medizinschränkchen ein. Geben Sie den Kindern in einem Familienbad einen eigenen Schrank für ihre Schaumbäder und Seifen. So sind Sie nicht von zahllosen Flaschen umgeben, wenn Sie einmal ein Bad nehmen, und auch die Oberflächen lassen sich leichter sauber halten, wenn keine Toilettenartikel darauf stehen. Das gleiche Prinzip gilt für Spielsachen: Eine große Plastiktonne sorgt dafür, dass sie nach dem Baden problemlos fortgeräumt werden können und der Raum wieder ordentlich aussieht. In einem Bad nur für Kinder können Sie Plastikfische und U-Boote dekorativ in Regalen über der Wanne aufstellen.

Spielen, ausgelassen oder still, ist für Kinder das Wichtigste. Sie brauchen Platz zum Herumrennen und Ausbreiten ihrer Spielsachen, und Erwachsene wie Kinder sollten alles schnell wieder aufräumen können. Dies gelingt am besten mit einem guten Aufbewahrungssystem.

Spiel zimmer

6

Richtig geplant, kann ein Spielbereich nahtlos in offene Wohn- und Essräume integriert werden. Moderne Bodenbeläge wie Kalkstein oder Estrich bieten die perfekte Oberfläche für Spielzeugautos und Eisenbahnen; ausgestattet mit einer Fußbodenheizung spielt es sich darauf warm und bequem. Wenn Sie einen neuen Raum planen, sind Türen nach in den Garten eine lohnende Investition. Statten Sie den Bereich mit zweckmäßigen und unauffälligen Aufbewahrungsmöglichkeiten aus. Bei Pablo sorgen geräumige Schubladen auf Rollen dafür, dass er jederzeit bequem an sein Spielzeug herankommt.

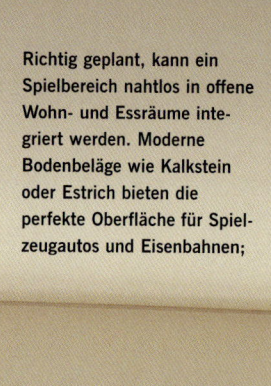

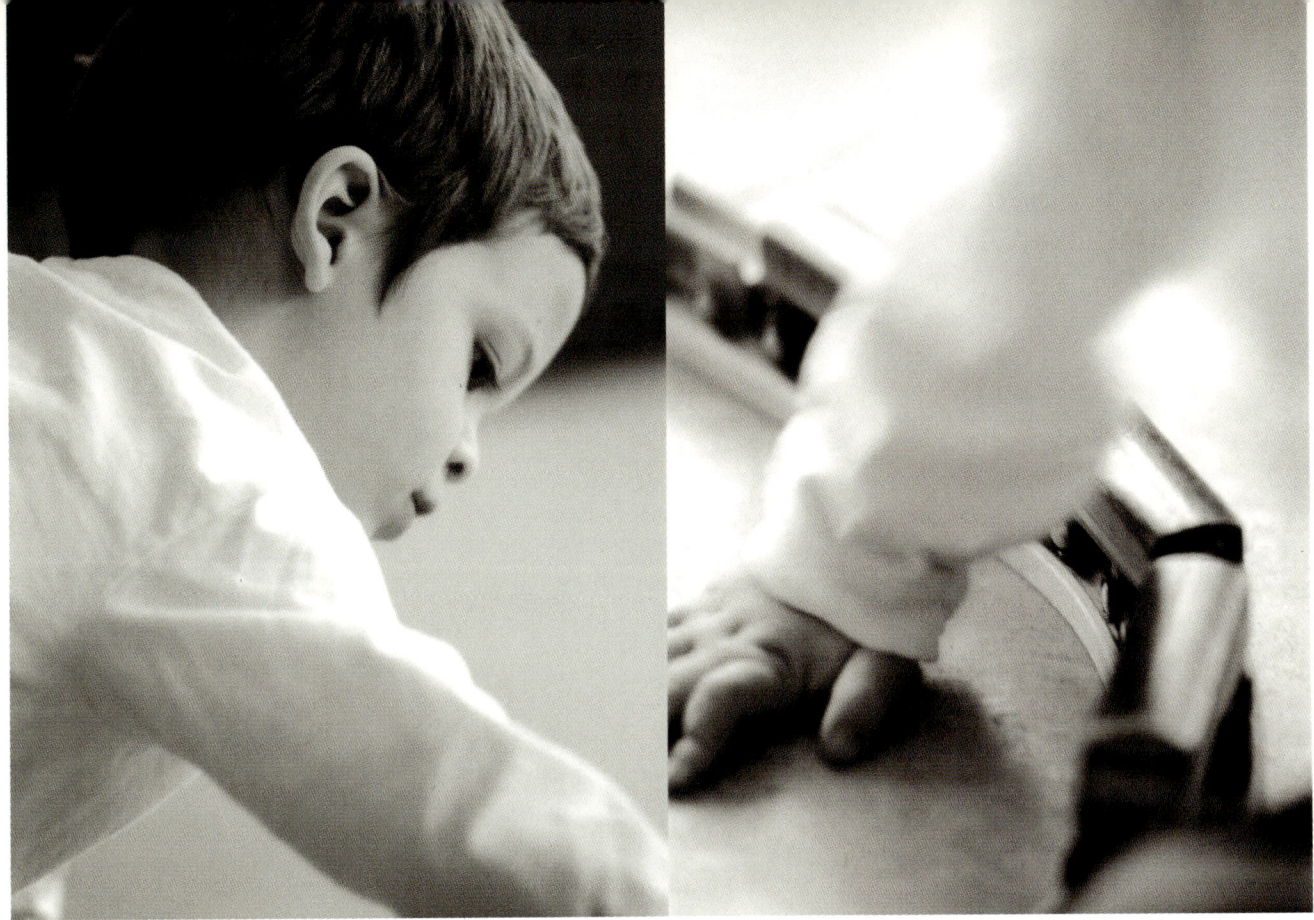

Jedes Kind braucht »Spielraum«. Ohne eine Fläche auf dem Boden, eine saubere Tischplatte und genügend Platz zum Herumrennen können Kinder ihre Spielsachen nicht richtig genießen. Als Erwachsene haben wir verschiedene Bereiche für unterschiedliche Aktivitäten: Ein Sofa zum Ausruhen, einen Schreibtisch zum Arbeiten und einen Sessel zum Lesen. Auch Kinder brauchen entsprechende Bereiche. Es ist nicht fair, ihnen zu sagen, sie können im ganzen Haus spielen und dann zu schimpfen, wenn Spielsachen auf der Treppe liegen. Geben Sie Ihren Sprößlingen ein eigenes Areal zum Spielen. Es kommt nicht unbedingt auf die Größe an – es kann ein separates Spielzimmer oder auch nur ein Stück vom Küchenboden oder Esszimmer sein – Hauptsache, die Kinder können diesen Platz ihr Eigen nennen. Wenn Sie dafür sorgen, dass Spielsachen leicht aufgeräumt werden können, haben Kinder sogar Spaß daran, ihren privaten Bereich in Ordnung zu halten.

Bei vielen Familien bilden Küche, Esszimmer und Spielzimmer einen großen Wohnraum. In einem konventionellen Haus oder einer Wohnung läßt sich durch die Entfernung von Wänden ein solcher offener Bereich schaffen, aber besonders gefragt sind umgebaute Fabriketagen oder Lofts. Noch vor zehn Jahren galten moderne, kinderlose Paare als die typischen Loft-Bewohner, doch viele dieser Paare sind inzwischen eine Familie geworden und genießen die Vorzüge einer großen Fläche auf einer Etage. Sie ist groß genug für einen Spielplatz zu Hause, auf dem Kinder sogar Radfahren und Nachlaufen spielen können.

Ein offener Wohnbereich hat unzählige Vorteile. Kleine Kinder können unter Ihrer Aufsicht sicher spielen oder Videos anschauen, während Sie kochen, ältere können ihre Hausgaben machen. Wenn Sie umziehen, weil Ihre Familie wächst, ist dies die erstrebenswerteste Raumaufteilung. Es ist gut, eine Toilette in der Nähe zu haben, damit die Kleinen nicht zu lange

» Ich habe ganz viel Platz für meine Züge. Ich spiele gerne hier, weil ich bei Mama sein kann, wenn sie kocht. «

PABLO, 3 ½ JAHRE

Wege zurücklegen müssen. Ideal wäre natürlich ein Zugang vom Wohn- und Spielbereich zu einem Garten oder einer Gartenterrasse: Im Sommer wird die Spielfläche erweitert und im Winter können die Kinder leichter nach draußen an die frische Luft gelockt werden.

Wenn Sie jedoch nicht umziehen können und die vorhandene Wohnung auf ihren Nachwuchs einstellen möchten, sollten Sie eventuelle bauliche Veränderungen sorgfältig planen. Im Augenblick mag es vielleicht eine größere Investition sein, einen Architekten zurate zu ziehen, aber Sie werden die Vorteile erkennen, denn er kann mit unkonventionellen Lösungen mehr Platz schaffen und Schränke und Regale in den unwahrscheinlichsten Ecken unterbringen. Aber vielleicht können Sie auch einfach die Zimmer tauschen: Könnte nicht aus einem von der Küche getrennten Esszimmer oder aus einem wenig genutzten Wintergarten ein Spielzimmer werden? Verfügen Sie jedoch nur über ein freies Zimmer außerhalb des Wohnbereichs als mögliches Spielzimmer, dann sollte diese Lösung wohl überlegt sein, solange die Kinder klein sind. Es ist anstrengend, beim Kochen mit halbem Ohr auf das zu achten, was nebenan vor sich geht, und das Leben ist für alle viel leichter, wenn Sie das aufregende Spiel der Kinder nicht unterbrechen müssen, um sie in die Küche zum Essen zu rufen. Die ideale Lösung besteht darin, den Spielbereich in das Familienleben zu integrieren.

Der ausgewählte Bereich muss eine großzügige Bodenfläche haben, auf der Kinder ihre Spielsachen ausbreiten und herumlaufen können. Achten Sie darauf, dass alles andere, was sonst in diesem Bereich passiert, die Kinder nicht bei ihren Aktivitäten stört, dass aber auch Sie nicht gestört werden. Vielleicht können Sie den »Verkehr« durch den Spielbereich umleiten, indem Sie ein Sofa zur Seite schieben. Stolpern Sie immer über die Kleinen, wenn Sie das Essen vorbereiten? Wenn der Spielbereich in oder direkt neben der Küche liegt, ist Sicherheit das Wichtigste. Verkürzen Sie herabhängende Kabel und polstern Sie scharfe Kanten ab. Schränke sollten mit kindersicheren Schlössern und Steckdosen mit speziellen Sicherungen versehen sein – und lassen Sie niemals die Griffe von Pfannen und Töpfen auf dem Herd überstehen.

Wenn man den Wohnbereich mit Kindern teilt, muss man damit rechnen, dass sie Unmengen bunter Spielsachen mitbringen. Die Sorge, Kinder könnten der Schaffung eines stilvollen Heims im Weg stehen, ist jedoch unbegründet, denn eine minimalistische Einrichtung muss nicht für immer verschwinden. Regel Nummer eins

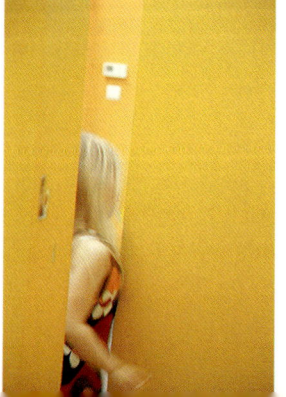

» So liegt nicht mehr überall Spielzeug auf dem Boden herum. «

FRIEDA, MUTTER

DIESE UND LINKE SEITE:
Lofts sind ideal für Kinder, denn sie bieten viel offenen Raum zum Einrichten einer Spielzone und machen es Erwachsenen und Kindern leichter, ordentlich zu sein. Wo viel Fläche vorhanden ist, bringt ein Labyrinth aus MDF-Trennwänden den Kindern sehr viel Spaß und ist praktisch, wie die Eltern von Juliet und Lucy festgestellt haben. Es sollte groß genug für mehrere kleine »Zimmer« sein, in denen man z. B. einen Kaufladen oder ein Puppenhaus unterbringen kann. In einer kräftigen Farbe gestrichen und zwischen einfache weiße Wände platziert, wird das Labyrinth zum Gesprächsthema für Erwachsene und zum Magneten für Kinder, die zu Besuch sind.

sind effektive Aufbewahrungsmöglichkeiten, damit sich Spielsachen abends schnell und einfach forträumen lassen und die Ordnung der Erwachsenen wiederhergestellt werden kann. Die beste Lösung für den Wohn- und Spielbereich sind Schränke vom Boden bis zur Decke. Verstauen Sie die Sachen der Kinder in den unteren Fächern und nutzen Sie die oberen für Haushaltsartikel. Die Schränke sollten so tief wie möglich sein, damit zusammenklappbare Puppenwagen oder eine Plastik-Garage bequem hineinpassen. Wenn der Platz für Schränke nicht ausreicht und offene Regale die einzige Möglichkeit sind, sollten Sie mehrere gleichartige Behälter wie durchsichtige Plastikkisten oder Weidenkörbe besorgen, die nicht nur praktisch sind, sondern auch gut aussehen.

Erlesene und schöne Dinge sollten außerhalb der Reichweite von Kindern aufbewahrt werden. Wenn Sie das Glück haben, ein Wohnzimmer nur für die Erwachsenen zu besitzen, sollten Sie diese Dinge dort genießen. Es ist einfach, dem Nachwuchs Respekt vor wertvollen Gegenständen beizubringen, aber man muss auch mit Missgeschicken rechnen. Daher sollten Sie Ihren Esstisch aus Kirschbaum mit einer pflegeleichten PVC-Decke und Ihr teures Polstersofa mit einem losen Überwurf aus einem waschbaren Material schützen. Ersetzen Sie Ihren kostbaren Teppich durch einen preiswerten aus dem Kaufhaus. Mit Perlen besetzte Kissen, Samtüberwürfe und alles, was sich nur chemisch reinigen läßt, sollte entfernt werden, denn schließlich sollten sich in einer kinderfreundlichen Zone alle entspannt bewegen können.

Wenn Sie ein neues Heim beziehen, macht es sehr viel Freude, einen Spielbereich einzurichten, der gleichzeitig als Wohnbereich für die Familie dient. Die Besitztümer der Kinder lassen sich gut in ein modernes Design integrieren. Oberflächen im Industrielook wie Edelstahl, Sperrholz und Laminat sind schick und strapazierfähig, und die klaren, leuchtenden Farben vieler moderner Einrichtungsgegenstände kommen sehr gut zur Geltung, wenn überall Spielsachen herumliegen. Streichen Sie die Wände mit einer matten weißen Emulsionsfarbe, um einen schlichten Hintergrund zu schaffen und abgenutzte Stellen einfach ausbessern zu können. Gehen Sie mutig mit Farben um. Eine einzelne, leuchtend Grün oder Blau gestrichene Wand sieht fantastisch aus, wenn sie mit schön gerahmten Kinderkunstwerken dekoriert ist.

Praktisches Mobiliar kann das Leben sehr erleichtern. Stühle aus Polypropylen sind eine vernünftige und pflegeleichte Lösung, und Modelle im

OBEN LINKS: **In jedem Spielbereich sollte es bequeme, niedrige Sitzmöglichkeiten geben, um entspannt ein Video anzuschauen oder zu lesen. In eine einfache Polsterbank mit gemütlichen Kissen kann man schmale Schubladen für kleine Spielsachen und Puzzles einbauen.**
LINKS: **Als Alternative zu den verbreiteten Miniaturtischen- und stühlen lässt sich mit einer Tischplatte aus Holz oder MDF eine ruhige Ecke zum Spielen, Malen und Schreiben schaffen. An einem verstellbaren Regalsystem angebracht, kann sie mit dem Sprößling wachsen.**
RECHTE SEITE: **Versuchen Sie, in einem großen Wohnzimmer Platz für einen Schreibtisch zu schaffen, an dem ältere Kinder ihre Hausaufgaben machen und malen können. Auch der Familiencomputer lässt sich dort aufstellen.**

VORHERIGE SEITEN: **Es gibt viele verspielte Details, die auch in einem stilvoll eingerichteten Erwachsenenbereich gut aussehen.** Wichtig ist, sie selbstbewusst einzusetzen, und Farben zu wählen, welche die übrige Einrichtung positiv zur Geltung bringen. So kann etwa eine Schiefertafel die halbe Wand ausfüllen (praktisch für Einkaufslisten und Telefonnachrichten), große Knautschsäcke aus Leder oder Vinyl würden gut dazu passen. Am richtigen Platz kann z. B. eine knallrote, von der Decke hängende Kinderschaukel ebenso dekorativ sein wie ein moderner Stuhl.

DIESE UND RECHTE SEITE: **Wenn genügend Platz ist und die Finanzen es erlauben, ist ein beheiztes Kinderschwimmbecken natürlich das Größte; ausgestattet mit einer Gegenstromanlage kann es von der ganzen Familie genutzt werden.** Die Eltern dieser Kinder haben ein großes, bequemes Sofa vor der riesigen Glastür aufgestellt, von dem aus sie alles im Blick haben.

Stil der 1960er Jahre in lebendigem Orange und Giftgrün machen sehr viel Spaß. Wenn an einem Tisch sowohl gegessen als auch gemalt wird, sollte er eine abwaschbare Oberfläche haben; ideal sind Zement oder kunststoffbeschichtetes Material. Wenn der Tisch an die Seite geschoben werden muss, um einen flexibleren Raum zu schaffen, statten Sie ihn mit Rollen aus, das macht ihn noch schicker. Der Videorecorder sollte besser in einer langen niedrigen Vitrine untergebracht werden, statt in einem offenen Regal; mit einem Modell aus Edelstahl oder mit beschichtetem Eisen in Pink können Sie gleichzeitig ein modisches Statement machen.

Seien Sie bei der Auswahl der Stoffe für das Sofa und die Sessel im Spielzimmer ebenso einfallsreich. Leuchtende Unifarben können verblüffend abstrakt aussehen, wenn sie durch einzelne Stühle, Sitzflächen oder Kissen als Farbblöcke eingesetzt werden. Leder ist haltbar und modern, aber auch sehr praktisch, weil es sich abwaschen lässt. Auf gemustertem Stoff sind die Spuren von klebrigen Fingern nicht so leicht zu sehen. Besorgen Sie etwas Gewagtes und Verrücktes, das sowohl Ihnen als auch dem Nachwuchs gefällt, z. B. riesige Rosen auf einem Sofa mit Stahlbeinen oder eine Strandszene aus den 1950er Jahren. Gehen Sie bei der Dekoration eines Spielbereichs ruhig ein wenig ironisch zu Werk: Ein Drehstuhl aus den 1970er Jahren mit einem bedruckten Stoff kann ebenso originell aussehen wie ein großes abstraktes Gemälde, das die Grenzen zwischen moderner Kunst und den naiven künstlerischen Versuchen von Kindern verschwimmen lässt.

Jeder Spielbereich sollte eine gemütliche Ecke zum Musikhören oder Anschauen von Videos haben. Wenn der Platz ausreicht, ist ein kleines Sofa ideal für ein Nickerchen nach dem Essen oder zum Lesen; sollte dafür kein Platz sein, tun es auch Knautschsäcke. Da Spielzonen im Wohnbereich oft harte Böden aus Holz oder Kalkstein haben, bietet ein Teppich oder eine weiche Decke mit Fellmotiv für Babys und Kleinkinder eine angenehmere Unterlage zum Krabbeln und Sitzen. Schaffen Sie den Fernseher außer Reichweite, und stellen Sie ihn auf eine Konsole oder in einen Schrank. Der Videorecorder hingegen sollte möglichst so angebracht sein, dass die Kinder ihn erreichen können, denn selbst Zweijährige genießen es, ihren Lieblingsfilm einlegen zu dürfen. Daneben sollte viel Platz für Videocassetten sein, die man in kleinen Plastikkisten oder in einem eigens dafür gebauten Regal unterbringen kann.

Wenn Sie das Glück haben, über reichlich Wohnraum zu verfügen, können Sie Ihren Kindern verrückte und fantasievolle Extras bieten. Wie wäre es mit einer an der Decke befestigten Schaukel oder einem permanent aufgebauten Indianerzelt? Ein Mini-Labyrinth für Kinder ist nicht nur ein magischer Anziehungspunkt für alle Freunde, sondern auch ein idealer Ort, um größere Spielsachen wie einen Kaufladen oder ein Kasperle-Theater unterzubringen.

OBEN VON RECHTS NACH LINKS: **Kinder genießen den Luxus eines großzügigen Spielbereichs.** In diesen drei Wohnungen brauchten die Erwachsenen keine räumlichen Kompromisse zu schließen. Die klassischen modernen Möbel, die zeitgemäßen Sofas in leuchtenden Farben und die weichen Bodenkissen sind sowohl trendy als auch kinderfreundlich.

UNTEN LINKS: **Ein elegantes Erwachsenenwohnzimmer kann mit ein paar vernünftigen Vorkehrungen** wie waschbaren Bezügen und fleckenabweisenden Polstern trotzdem familienfreundlich sein. Molly und Eli haben schnell gelernt, was sie anfassen dürfen und was nicht.

Wenn ein Wohnzimmer auch als Spielzimmer dient, sind gute Stauräume sehr wichtig, um schnell aufräumen zu können. Nica stopft ihre Spielsachen in ein altes Sideboard und in eine Tonne aus Steckelementen. Farbige Bilder an der Wand gefallen Erwachsenen und Kindern.

Kinder lieben verrückte, einmalige Einrichtungs-gegenstände, von riesigen Lampen bis zu eigenartig geformten Sesseln. Sie erinnern sich an solche Lieblingsstücke noch lange, nachdem sie ausrangiert wurden. Ein bequemes Sofa, das groß genug für die ganze Familie ist, bildet einen idealen Mittelpunkt. Aber beziehen Sie es mit einem bunten, lebhaft gemusterten Stoff, auf dem man Flecken nicht gleich sieht.

LINKE SEITE: **Lofts bieten sehr viel Platz und sind ideal für Stadtkinder. Sie können hier sogar Radfahren und sich an einem regneri-schen Tag zu Hause aus-toben. Johannas Eltern haben an der Seite eine Sitzecke eingerichtet, damit sie bequem entspannen und gleichzeitig ihre Kinder beaufsichtigen können.**

Ess zimmer

Kleine Kinder brauchen einen ruhigen, bequemen Essplatz. Mit fröhlichen Kindermöbeln sowie Geschirr und Besteck in bunten Farben locken Sie auch den widerspenstigsten Esser an den gedeckten Tisch.

7

Die Mahlzeiten von Kindern ähneln bisweilen einer Raubtierfütterung im Zoo, aber mit praktischen, gut aussehenden Möbeln und Geräten haben Sie im Handumdrehen wieder alles sauber gemacht. Zu Anfang müssen Babys noch gefüttert werden, aber es dauert nicht lange, bis sie in einem Hochstuhl sitzen und selbstständig essen können, und schließlich ihren festen Platz am Tisch der Erwachsenen einnehmen. Es ist immer schwer, Kinder dazu zu bringen, sich hinzusetzen, in Ruhe zu essen und die Tischmanieren zu befolgen, aber dieser Prozess sollte effektiv und mit möglichst wenig Anstrengung verbunden sein. Widerwillige Esser lassen sich leichter an den Tisch locken, wenn der Essbereich bequem ist und die Mahlzeiten ansprechend präsentiert werden.

Der Tisch sollte nach Möglichkeit in der Küche stehen, damit Sie ein Auge auf den Nachwuchs werfen können, während Sie kochen oder aufräumen. Die Vorteile liegen auf der Hand: Sie sind sofort da, wenn ein Kind sich verschluckt, der Küchenfußboden lässt sich leichter säubern als ein Teppich, und ein feuchtes Tuch für klebrige Finger und Münder ist stets griffbereit. Fürchten Sie nicht, dass Ihre moderne Hightech-Küche durch Hochstühle und buntes Geschirr einen Stilbruch erleidet. Mit attraktiven Möbeln und Küchengeräten lässt sich ein nahtloser Übergang herstellen; bunte Stühle, oder ein hellgrüner Toaster können eine Edelstahlküche aufpeppen.

Ein Hochstuhl ist ein Muss für Babys. Standardmodelle sind zwar praktisch,

DIESE UND RECHTE SEITE: **Kinder versammeln sich heute meist in der Küche. Wenn Sie also eine neue planen, machen Sie sie zu einem anregenden und lustigen Ort. Diese hier wurde mit ihren bunten Türen und Schubladen speziell auf kleine Kinder abgestimmt. Vor allem kommt es auf einfache Bedienung an: Die breiten Griffe sind für Kinderhände leicht zu bedienen, Teller und Tassen sind in einem niedrigen Schrank untergebracht. Inselelemente wie das hier gezeigte sind sehr praktisch: Kinder können sich darum versammeln und beim Kochen helfen, ihre Mahlzeiten einnehmen oder malen. Planen Sie viele Schubladen ein, damit die Knirpse gut an Servietten und Strohhalme heran kommen können.**

Kleine Tische für Kinder, an denen sie essen, malen und zeichnen können, bringen großen Spaß. Ein ansprechender Stil lässt sich z. B. mit Miniaturversionen des klassischen »Ameisen«-Stuhls von Arne Jacobsen schaffen.

DIESE UND LINKE SEITE:
Man sollte Kindern die Wahl lassen, ob sie lieber zusammen mit den Erwachsenen oder auf Kinderstühlen an ihrem eigenen Tisch sitzen wollen. Ein großer Familientisch bietet auch Platz für Freunde; eine robuste, Tischplatte aus Zink, Edelstahl, Zement, Marmor, Schiefer, Kunststoff oder MDF kann regelmäßig neu gestrichen werden, um Flecken und Kratzer verschwinden zu lassen. Heben Sie sich die Designer-Modelle für später auf. Einer wachsenden Familie bringen ungleiche, in fröhlichen Farben gestrichene oder mit waschbaren Bezügen gepolsterte Holzstühle mehr Spaß.

aber meist nicht sehr schön. Sie können sich entweder damit abfinden oder sich um eine attraktivere Lösung bemühen: Es gibt einfache skandinavische Modelle aus Holz oder auch solche aus weißlackiertem Stahl. Oder sehen Sie sich nach einem gebrauchten Stuhl um, den Sie in einer kräftigen Farbe streichen und mit bedrucktem Wachstuch neu beziehen können (vielleicht müssen Sie auch neue Sicherheitsgurte anbringen).

Für größere Babys, die mit den Erwachsenen an einem Tisch essen, ist ein Sitz zum Anschrauben aus robustem Segeltuch oder Kunststoff eine gesellige Lösung. Auch ein Hochstuhl aus Chrom oder Buche, der mit Ihrem Kind wächst, ist eine gute Wahl. Die meisten sind mit einem Tablett zum Einhängen und einem Sicherheitsgeländer für die Babyzeit ausgestattet und lassen sich für ältere Kinder in einen Stuhl mit Fußstütze umbauen.

Kleine Tische für Kinder, an denen sie essen, malen und zeichnen können, bringen viel Spaß. Aber wenn Sie bei den Mahlzeiten lieber neben den Kindern sitzen wollen, ist dies vielleicht nicht so bequem. Besser ist eine

DIESE UND LINKE SEITE: **Geschirr und Besteck der Kinder** sollten eine Erweiterung der Erwachsenenausstattung sein, damit der Familientisch einheitlich gedeckt ist. Stöbern Sie im Handel nach hübschen, fröhlichen Sachen, die von allen benutzt werden können: Gläser in Juwelenfarben, handbemalte Schalen und robuste Keramiktassen eignen sich sowohl für Milch als auch für Kaffee. Harry löffelt sein Müsli aus einer Puddingschale für Erwachsene (unten Mitte). Kinder lieben Töpferläden, in denen sie ihre eigenen Tassen und Teller entwerfen können. Der Kauf eines Picknicksets mit leuchtend bunten Tellern und Schalen zu kaufen, erfüllt einen doppelten Zweck: Kinder können sie sowohl täglich als auch bei Familienausflügen benutzen.

Frühstückstheke oder eine niedrige Platte am Ende einer Früchteinsel. Die Auswahl an kleinen Tischen und Stühlen in Einrichtungshäusern, Kinderkatalogen und auf Designmärkten ist inzwischen recht groß. Es lohnt sich auch, nach Kindermöbeln zu suchen, die für Schulen entwickelt wurden. Stimmen Sie den Stil auf ihre Küche ab: Attraktiv sind die Miniaturversionen des klassischen »Ameisen«-Stuhls von Arne Jacobsen, massive Holzstühle in Grundfarben oder weiß gestrichene Tische und Bänke in skandinavischem Design.

Je früher Sie kleine Kinder dazu ermutigen, am Tisch der Erwachsenen zu sitzen, desto besser, denn so werden sie auf das soziale Leben vorbereitet und entwickeln ein Gefühl für Geselligkeit. Wenn Sie einen schönen Tisch besitzen, schützen Sie ihn mit einer PVC-Decke. Das gleiche gilt für gepolsterte Esszimmerstühle. Es mag nach einer größeren Investition klingen, ein Set von losen Bezügen anfertigen zu lassen, aber so werden die teuren Polster vor klebrigen Fingern geschützt. Wenn Sie neue Sitzgelegenheiten für den Familien-Esstisch kaufen wollen, schauen Sie nach Modellen aus Propylen, Metall oder Holz. Leichte Stühle aus Plastik oder Aluminium sind

OBEN: **Retro-Hochstühle sind bei weitem die geschmackvollsten im Angebot. Suchen Sie in Trödelläden nach alten Modellen, die mit einem bunten Anstrich oder einem neuen Tablett aus beschichtetem Holz versehen werden können. Wählen Sie einen attraktiven Stil, der mit dem der anderen Stühle am Tisch gut harmoniert.**

gut geeignet, weil auch Kinder sie tragen können. Wählen Sie einen Stil, der sowohl bequem für Kinder ist als auch gut aussieht. In einem Stuhl mit Latten können sie sich die Finger einklemmen, während sich ein Stuhl mit Armlehnen nicht nahe genug an den Tisch heranziehen lässt, um bequem essen zu können. Schulbänke sind hingegen gut geeignet, denn sie bieten viel Platz, wenn Freunde zum Essen bleiben. Hochstühle an Frühstückstheken sind toll für die Größeren, aber achten Sie darauf, dass die Kleinen nicht das Gleichgewicht verlieren.

Mit fantasievollem Geschirr können Sie und die Kinder kreativ den Tisch decken. Kinder haben Spaß an bunten Tellern und Tassen, aus denen sie sich ihre Lieblingsfarbe aussuchen können. Nicht alles muss aus Plastik sein, obwohl Picknicksets in leuchtenden Tönen eine gute Quelle für Teller und Tassen sind. Gläser aus Duralex sind nicht kaputt zu kriegen und auch in kleinen Größen erhältlich. Robuste Keramik oder traditionelles Geschirr aus Emaille sind ebenfalls sehr widerstandsfähig. Viele Hersteller produzieren heute Bestecke mit bunten Griffen für Kinder. Stellen Sie individuelle Platzsets zusammen, indem Sie mit

Kreide auf Schieferplatten zeichnen oder in einem gut ausgerüsteten Copyshop Lieblingsfotos auf Deckchen übertragen lassen. Oder stöbern Sie in Haushaltswarengeschäften nach originellen, abwaschbaren Sets und bedruckten Servietten.

Alles, was mit den Mahlzeiten zu tun hat, sollte für Kinder leicht zu erreichen sein, um sie von klein an zum Tischdecken zu ermutigen. Bewahren Sie Schalen und Besteck in einem niedrigen Schrank mit Schubladen auf, wo Sie auch Lunchboxen unterbringen. Kann ein größeres Kind den Kühlschrank leicht öffnen, um sich einen Snack zu holen? Gibt es einen stabilen Hocker für einen kleinen Knirps, auf den er klettern und sich ein Glas Wasser aus dem Hahn holen kann? Je einfacher Sie Ihren Kindern das Essen und Trinken machen, desto schneller werden sie in die gesellige Welt der Familienmahlzeiten integriert.

OBEN: **Kleine Tische und Stühle müssen keine unförmigen Möbel aus Plastik in grellen Farben sein. Mit Modellen, die den klassischen Stil zeitgemäßer Erwachsenenmöbel nachahmen, lässt sich ein individueller und eleganter Look schaffen, z. B. mit diesen kleinen Stühlen aus Buchen-Formholz im Stil der 1960er Jahre (oben links).**

Stau räume

Es ist erstaunlich, wie viele Sachen Kinder brauchen. Damit sich die ganze Familie an einem ruhigen und effizienten Wohnraum erfreuen kann, sollte jeder Quadratzentimeter als Stauraum genutzt werden.

8

Frisch gebackene Eltern lernen bald, dass Kinder eine ganze Menge Sachen ansammeln. Über die Jahre wird zwar immer wieder regelmäßig ausgemistet, aber als Familie brauchen Sie den zehnfachen Stauraum. Nach dem Kuscheltier und dem Bobbycar kommen Unmengen kleiner Autos oder Puppenaccessoires, dann Musikinstrumente, Tennisschläger oder selbst gebastelte Modelle hinzu. Tragen Sie die Flut von Dingen mit Fassung und planen Sie sinnvolle Unterbringungsmöglichkeiten. Es mag ein Klischee sein, aber alles sollte seinen Platz haben, selbst wenn das turbulente Familienleben eine solche Lösung nicht immer erlaubt.

So geräumig die Schränke im Schlaf- und Spielzimmer der Kinder auch sein mögen, Sie werden viele Dinge in den verkehrsreichen Zonen des Hauses wie dem Flur unterbringen müssen. Fragen Sie sich, wo die Sachen für draußen – Mäntel, Mützen, Gummistiefel, Regenschirme und Buggies – Platz finden sollen. Und was ist mit der Sportausrüstung wie Ballett- und Schwimmtaschen, Fußbällen und Hockeyschlägern? Je größer die Kinder werden, desto üppiger wird auch ihre Ausstattung. Fahrräder brauchen ebenso einen Platz wie Zelte, Schlafsäcke und Spielgerät für draußen.

Wenn der Flur groß genug ist, kann alles Wichtige in Schränken untergebracht und in Ordnung gehalten werden. Vielleicht ist es möglich, sie an der Wand aufzuhängen, so dass darunter Platz für Schuhe bleibt. Für kleine Kinder eignet sich jedoch besser eine Reihe niedrig angebrachter Haken: Mäntel und Jacken sind leicht zu finden, und Taschen lassen sich bequem daran aufhängen. Stellen Sie einen großen Korb oder eine Tonne aus galvanisiertem Metall für Schuhe und einen weiteren für Mützen, Schals und Handschuhe auf. Neben der Garderobe sollte eine niedrige Bank stehen, auf die sich Kinder setzen können, wenn sie ihre Schuhe anziehen; am besten ist eine mit aufklappbarer Schublade, die zusätzlichen Stauraum bietet. Wenn die Unterbringung von Fahrrädern ein Problem und der Flur hoch genug ist, hängen Sie sie an ein Gestell an der Wand. Sollten Sie in einem Haus wohnen, lassen sie sich natürlich auch im Garten oder in einer abschließbaren »Garage« vor dem Haus parken.

In den langen, schmalen Fluren alter Häuser ist gerade eben Platz für ein Hakenbrett und einen Schirmständer. Die Sachen müssen anderswo untergebracht werden – vielleicht in einem Schrank unter der Treppe oder in Regalen und Schränken im Spielbereich. Im Schlafzimmer der

LINKE SEITE: **Wenn ein Schlafzimmer auch als Spielzimmer dient, sorgen Schranktüren, die Spielsachen verbergen, für mehr Ruhe, wenn es Zeit zum Schlafengehen ist. Stil muss nicht auf Kosten von praktischen Lösungen gehen: Planen Sie Schränke als Teil eines dekorativen Gesamtsystems. In diesem Loft wurden überall Schränke aus Plexiglas und Sperrholz verwendet, nicht nur im Kinderzimmer. Lichtdurchlässige Materialien sind eine gute Wahl, wenn eine Schrankwand ein Zimmer zu dominieren droht.**

RECHTS: **In geräumige Spielzeugschubladen passt viel hinein und Kinder können sie leicht erreichen. Lassen Sie bei den Fronten Ihre Fantasie spielen: Schneiden Sie aus MDF-Schubladen Muster aus oder wählen Sie Griffe aus Edelstahl oder bemaltem Holz.**

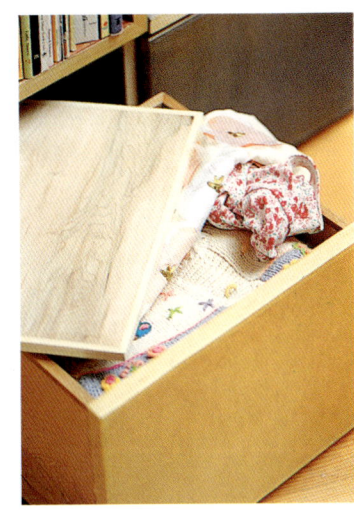

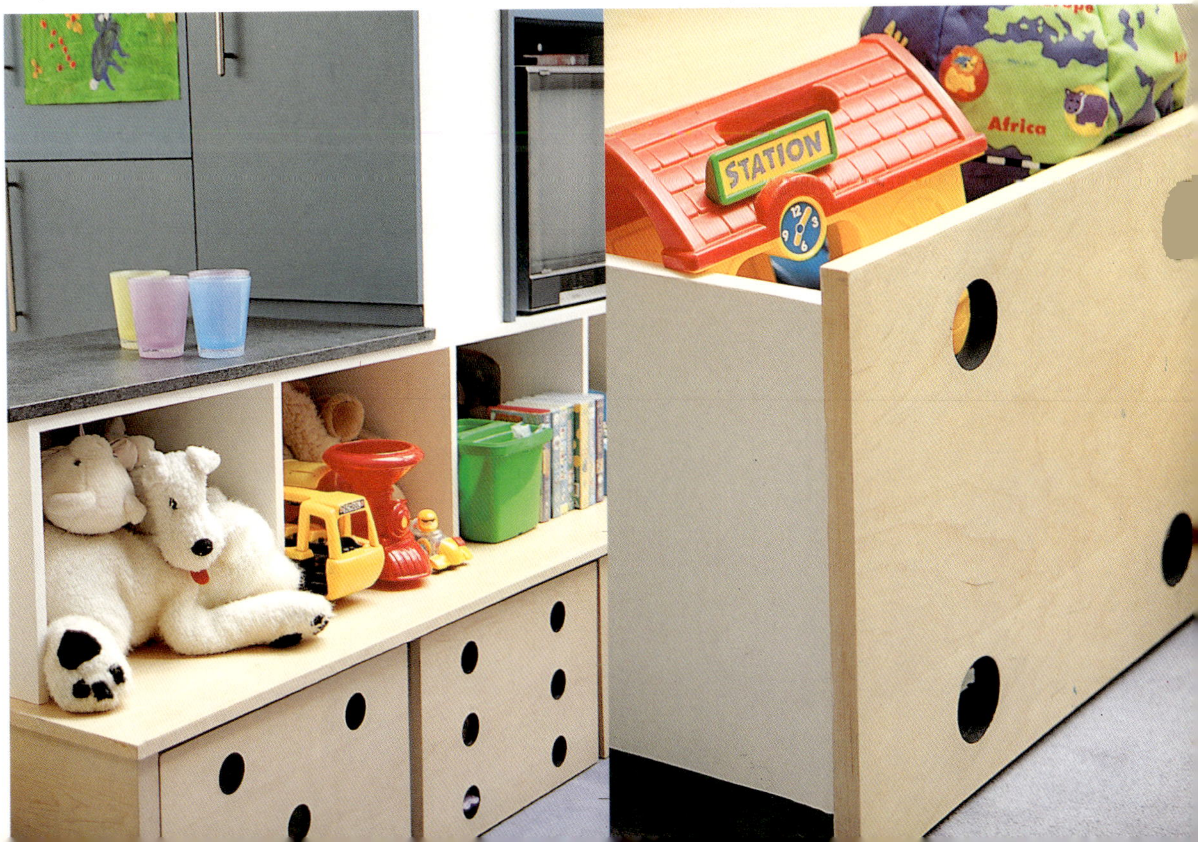

VORHERIGE SEITE: Natürlich brauchen Sie
große Schränke und tiefe Regale, um Spielsachen unterzubringen, aber ebenso wichtig
sind viele einzelne Behälter. Geben Sie Kindern die Möglichkeit, ein Ordnungssystem für
ihre Spielsachen zu entwickeln, damit Stifte,
Plastiktiere, Bauklötze, Bücher, Spielzeugautos etc. ihren eigenen Platz haben. Alles
kann als Behälter dienen, von Eimern aus
galvanisiertem Metall bis zu Sisalkörben. Die
Sachen sollten auf einen Blick zu erkennen
sein; offene Weidenkörbe, durchsichtige
Plastikkisten oder Gläser mit Schraubver-
schlüssen sind besser als Kisten mit Deckel
und lassen sich schneller aufräumen.
Versehen Sie alles mit einem Aufkleber oder
Anhänger, damit sowohl Kinder als auch
Erwachsene wissen, was wohin gehört.
OBEN RECHTS: Wenn Sie ein neues Heim
beziehen, kann ein separater Korridor entlang
einer Seite des Hauses für die Aufbewahrung
von Fahrrädern, Kleidung und Sportsachen
genutzt werden. Hier erhält der Raum durch
die Hängeschränke etwas Weitläufiges; auf
dem Steinboden können Kinder schmutzige
Schuhe und nasse Mäntel ausziehen, bevor
sie ins Haus kommen.
RECHTE SEITE: Selbst in einem kleinen Flur
sollte ein Hocker oder eine Bank stehen, auf
den die Kinder sich setzen und ihre Schuhe
an- und ausziehen können. Wenn es für alles
einen Platz gibt – gekennzeichnete Kleiderhaken, einen Schirmständer, ein Gestell für
Fahrräder und Haken für Schultaschen –
hat ihre Familie keine Ausrede mehr für
Unordnung.

Kinder sollten Dinge des täglichen Gebrauchs jedoch nicht aufbewahrt werden, denn in der morgendlichen Hektik muss alles sofort zur Hand sein. Eine Ansammlung aufgehängter Taschen und Mäntel wirkt
in einem offenen Wohn- und Spielbereich jedoch unübersichtlich. Eine gute Lösung ist ein Raster aus
Regalen, die jeweils groß genug sind, um einen beschrifteten Weidenkorb zu fassen. Vielleicht können
die Sachen für draußen in einem Schrank im Allzweckraum und Schuhe in einem offenen Bereich an der
Hintertür untergebracht werden.

   Im Koch-, Wohn- und Spielbereich sollten Sie und die Kinder Platz für die Dinge des täglichen
Gebrauchs haben, damit alle Ordnung halten können. Hängen Sie Stundenpläne, Leselisten und Sport-
pläne an einer großen Pinnwand auf. Stört ihr unordentlicher Anblick jedoch einen eleganten Essbereich,
hängen Sie die Zettel an die Innenseite einer Schranktür. Wenn der Spielbereich zur Küche gehört,
machen Sie einen Schrank oder eine Schublade frei, damit Haarspangen und Bürsten, Museumsbroschü-
ren, Malsachen und anderes einfach weggeräumt, aber auch schnell wiedergefunden werden können.
Sollten Sie eine neue Küche planen, wäre vielleicht eine zentrale Insel mit Schubladen und Schränken
eine Möglichkeit, den Kram der Kinder zu verstauen.

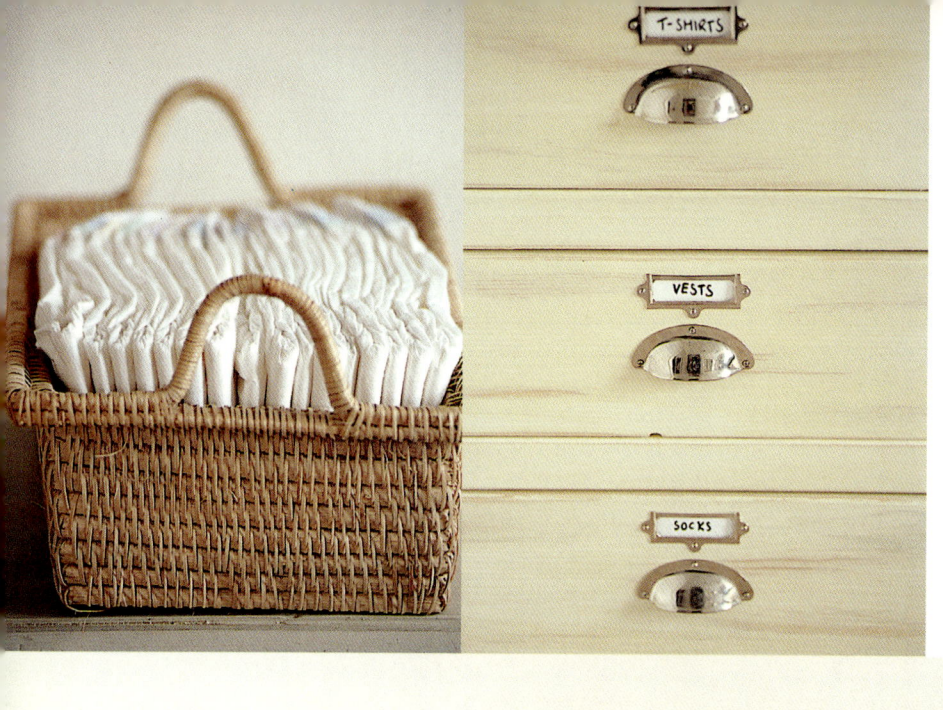

DIESE UND RECHTE SEITE:
Speziell angefertigte Schränke und Regale mögen als Luxus erscheinen, aber sie erleichtern tägliche Arbeiten wie das Wechseln der Windeln und Anziehen erheblich. Viele kleine Fächer sind der Schlüssel zu einer guten Organisation. Erstellen Sie eine Liste der Dinge, die untergebracht werden müssen, und richten Sie für alles – von Wattebällchen bis Strampelanzügen – ein Fach ein. Stellen Sie offene Schachteln in Glasvitrinen und Weidenkörbe auf ein Regal, oder versehen Sie einzelne Schubladen mit dekorativen Beschriftungen. Gestalten Sie alles so individuell wie möglich: Wenn es in einem Schrank nicht genügend Fächer gibt, fügen selbst Trennwände aus MDF ein – das schafft Ordnung.

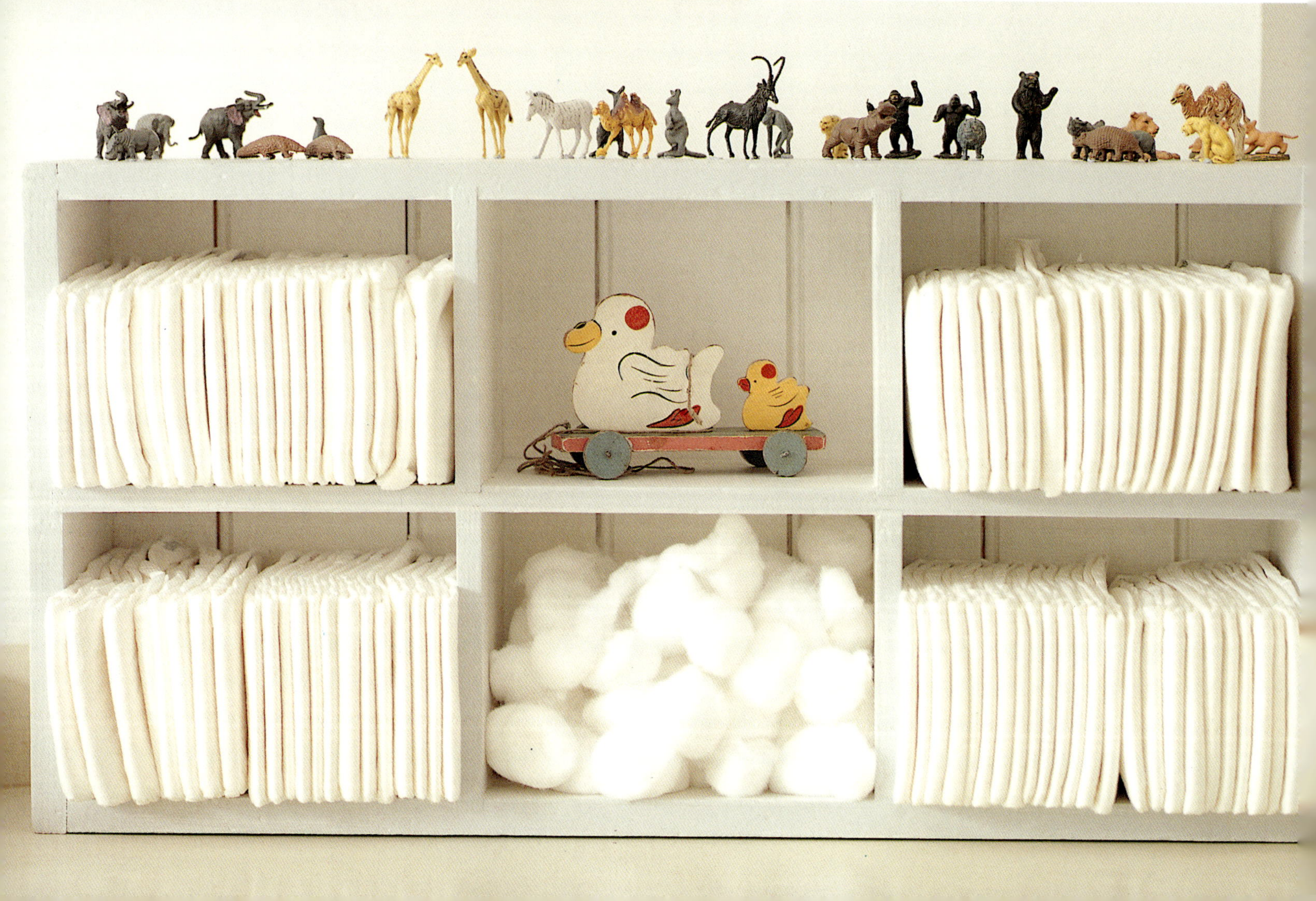

Einbauschränke müssen gut aussehen und praktisch sein. Daher sollten sie als ein wesentlicher Bestandteil des Einrichtungsschemas und nicht erst im Nachhinein geplant werden. Verdoppeln Sie den vorgesehenen Stauraum, denn auf lange Sicht werden Sie mehr brauchen als ursprünglich vermutet. Regaltüren sehen schön aus und sind praktisch – entweder als breite Schiebetüren oder als schmale, bündige aus gestrichenem MDF, sandgestrahltem Glas, Zink, Multiplex oder Holz. Vermeiden Sie offene Regale; sie sind zwar attraktiv, wenn sie neu sind, aber mit Ordnung und Übersichtlichkeit ist es vorbei, sobald sie mit Spielsachen, Büchern und anderen Dingen vollgestopft sind. Nutzen Sie jeden verfügbaren Zentimeter. Schubladen auf Bodenhöhe sind ideal für Spielsachen, und in einer schmalen Nische lassen sich gut Bücherregale anbringen. So bleibt noch genügend Platz für freistehende Möbel, aber wählen Sie ausgefallene Stücke wie etwa ein altes Metallspind, das dem Raum einen unverwechselbaren Charakter gibt.

Auch die besten Schränke und Regale machen keinen Sinn, wenn Kinder sie nicht nutzen. Machen Sie es ihnen so einfach wie möglich, damit es keine Diskussionen gibt. Vor allem kommt es darauf an, dass Türen leicht zu öffnen und zu schließen sind, z. B. mit D-förmigen Metallgriffen, ausgesägten Schlitzen oder kompakten Knäufen. Ein paar Regalbretter sollten schmal sein, damit kleinere Sachen nicht irgendwo hinten verschwinden. Papier, Stifte, Scheren und Kleber können in kleinen Plastikkisten, Sisalkörben oder altmodischen Blechdosen aufbewahrt werden. Unterteilen Sie Schubladen mit fertig gekauften Trennwänden oder stellen Sie selbst welche aus MDF her. Beschriften Sie Schachteln und Kisten. Wenn die Kinder noch nicht lesen können, kleben Sie ein Polaroidfoto der jeweiligen Spielsachen darauf oder markieren Sie die Behältnisse mit Farben: Rot für Bücher, Blau für Autos und so weiter. Bringen Sie den Kindern bei, die Sachen wegzuräumen, wenn sie ein Spiel beendet haben und ein neues beginnen.

Kinder lieben es, draußen zu rennen, zu springen und verrückte Spiele zu spielen. Für Stunden verschwinden sie – am liebsten in einem geheimen Versteck. Egal, ob groß oder klein – jeder Raum im Freien gibt Kindern die Möglichkeit, Dampf abzulassen.

Räume im Freien

Wenn Kinder ins Freie können, rasen sie herum wie junge Hunde, die von der Leine gelassen werden. Richtig angezogen, merken sie gar nicht, dass es kalt oder das Gras nass ist und bleiben im Sommer mit Freude draußen, bis es dunkel wird. Versuchen Sie, ihnen den entsprechenden Raum zu geben. Nicht jeder hat einen großen Rasen, aber selbst ein kleiner Hinterhof oder eine Dachterrasse bieten die Möglichkeit zum kreativen Spiel.

Die moderne architektonische Handhabung von Innen und Außen hat viele Vorteile für Kinder und ist die perfekte Lösung für einen kleinen Garten in der Stadt. Ein Spielbereich, der direkt zum Garten hin geöffnet werden kann, ist ideal: Kinder können rein- und rauslaufen unter den Blicken der Erwachsenen. Wenn ihre Wohnverhältnisse eine solche Lösung nicht erlauben, ziehen Sie die Ausgänge des Hauses in Betracht. Nach Möglichkeit sollten Kinder selbstständig hinein und hinaus können, was am besten durch Veranda- oder Schiebetüren gewährleistet ist. Wenn der einzige Ausgang nach draußen durch das »kostbare«, mit Teppichen ausgelegte Wohnzimmer der Erwachsenen führt, ist vielleicht eine zusätzliche Tür in einem Allzweckraum oder in der Küche sinnvoll.

DIESE UND LINKE SEITE:
Auch ein Spielbereich im Wintergarten muss keinen verzicht bedeuten. Lucy und Sisi können an warmen, sonnigen Tagen die Tür öffnen und selbst im Winter haben sie viel Tageslicht. Aber Jalousien sind ein Muss, um grelles Sonnenlicht abzuwehren und den Räum kühl zu halten. Aus praktischen und ästhetischen Gründen sollten Sie innen und außen dasselbe Material verlegen, entweder Beton, Stein oder Hartholz. Ein Wintergarten als Spielzimmer braucht robuste, wetterfeste Möbel, damit es kein Drama ist, wenn ein Stuhl über Nacht im Freien stehen bleibt. Außerdem sollte genügend Platz sein, um größere Spielsachen für draußen unterzubringen.

DIESE UND RECHTE SEITE:
Nichts ist so reizvoll wie ein Häuschen im Freien, sei es auch noch so einfach. In Baumärkten gibt es Holzhäuser zum selbst bauen, die mit einem »Lebkuchendach« oder einer Stalltür individuell gestaltet werden können. Um richtig darin spielen zu können, braucht ein solches Haus ein Fenster und eine Tür. Stellen Sie Sitzgelegenheiten und einen Tisch für improvisierte Mahlzeiten sowie Metalltonnen und Weidenkörbe auf, in die am Ende des Tages alle Spielsachen hineinwandern.

Wenn Kinder im Freien spielen, sollten sie dies ohne Begleitung tun können, denn es macht keinen Spaß, Cowboy und Indianer zu spielen, wenn ein Erwachsener danebensteht. Kleinkinder müssen natürlich ständig beobachtet werden. Überzeugen Sie sich davon, dass die Kinder absolut sicher sind, bevor Sie ihnen erlauben, allein herumzulaufen. Bringen Sie am Tor hinter dem Haus ein Schloss an und stellen Sie sicher, dass Kinder nicht über den Zaun klettern oder vom Rand der Dachterrasse herunterfallen können. Sind alle Schaukeln, Seile und Leitern zu Baumhäusern gut gesichert? Auch Teiche und Swimmingpools müssen kindgerecht sein. Sie sollten den Kindern die Möglichkeit geben, sich frei zu fühlen, sie aber gleichzeitig im Auge behalten können. Dabei hilft z. B. eine Wand aus einem großen Spalier oder aus Bambus, durch deren Lücken Sie hindurch sehen können. Und auch ein Baumhaus sollte zumindest von einem Fenster des Hauses aus sichtbar sein.

Ein Spielhaus ist immer ein Volltreffer. Kinder haben gerne einen eigenen, persönlichen Raum, in dem sie sämtliche Spielsachen für

draußen unterbringen können. Sie brauchen Ihren Garten nicht mit einem grellen Plastikhäuschen zu verunstalten; Modelle aus Holz sind weitaus geschmackvoller. Speziell für Kinder angefertigte Hütten sind jedoch mitunter sehr teuer. Am besten entwerfen Sie ein eigenes und lassen es von einem Schreiner bauen, oder Sie funktionieren einen normalen Gartenschuppen zum Spielhaus um. Solange es eine Tür und Fenster hat, ist es für kleine Mädchen und Jungen einfach himmlisch. Schließen Sie stilistische Kompromisse hinsichtlich der Dekoration. Wenn Sie die Außenseite in einer gedeckten Farbe wie Moosgrün streichen, erlauben Sie den Kindern, das Innere zu gestalten. Befestigen Sie als Vorhänge Stoffreste mit einem Tacker und stellen Sie kleine Tische und Stühle auf. Wenn das Budget es erlaubt, kann ein anspruchsvolleres Sommerhaus mit Wasser, Strom und Heizung ausgestattet werden; es könnte eventuell auch als Büro oder Gästezimmer dienen.

Ein Baumhaus oder eine in den Ästen angebrachte Plattform verdoppeln die Freude, draußen zu sein. Sie können es klein halten, so dass nur Kinder durch die Öffnung hinein gelangen, oder so groß bauen, dass die ganze Familie dort oben zu Abend essen kann. Über die Leiter hinaus können alle möglichen Extras hinzugefügt werden: Hängematten, Lampions, Kletterseile oder eine Schaukel. Ein Baumhaus lässt sich am besten realisieren, wenn es aus Hartholz gebaut wird; streichen Sie es in einer leuchtenden Farbe und machen es so zum Blickfang des Gartens.

Wenn Sie einen kinderfreundlichen Raum im Freien planen, teilen Sie den Platz nach bestimmten Aktivitäten auf. Wenn nötig, benutzen Sie dafür einen maßstabgetreuen Plan. Ideal ist ein Bereich zum Herumlaufen, eine Plattform für einen Tisch und Stühle sowie ein versteckter Spielbereich am Ende des Gartens, vielleicht mit einem Sandkasten. Jungen können den hinteren Teil des Gartens auch zum Fußballspielen nutzen. Schirmen Sie das Rasenstück, wo Ihr Nachwuchs sich austoben kann, mit einer Trennwand oder einem Zaun ab. In einem ausgefallenen, modernen Garten kann man die Wand zu einer architektonischen Besonderheit machen, wenn man sie in einem kräftigen Farbton streicht. Sie können sie

DIESE UND RECHTE SEITE:
Mit ein paar einfallsreichen Besonderheiten im Garten können Sie die Fantasie ihrer Sprößlinge anregen. Ein dicht bepflanzter Bereich mit einem Spiegel an einer Mauer wird zu einem Märchenwald am Ende des Gartens, während ein aufgemaltes Tor den Zugang zu einer geheimnisvollen Welt suggeriert. Lokkern Sie eine langweilige Wiese mit einem hübschen Palisadenzaun oder schnell wachsenden Pflanzen wie Bambus auf und schaffen Sie so geheime Orte für ein privates Picknick oder zum Versteckspielen. Sichern Sie stets alle Ausgänge des Gartens. Bieten Sie Ihren Kindern Spielsachen, die Spaß machen, damit sie gerne zum Spielen nach draußen gehen. Hier toben sich Yasmin und Sarah mit einem riesigen Ball aus.

auch in den Garten integrieren, indem sie eine blühende Kletterpflanze und einen hübschen kleinen Brunnen daran aufhängen. Lassen Sie Ihrer Fantasie freien Lauf, um die verschiedenen Bereiche zu kennzeichnen. Wie wäre es mit einer hoch gewachsenen Pflanze, in die Wiese eingelassenen Trittsteinen oder Spalieren? Große Rasenflächen eignen sich gut zum Herumlaufen und sind der ideale Platz, um ein Trampolin oder Klettergerüst aufzustellen. Kinder lieben das »Chaos« der Natur, teilen Sie ein Stück des Gartens ab, bepflanzen es mit Bambus, Palmen, wilden Gräsern und Blumen, und Sie werden Ihre Kinder stundenlang nicht wieder sehen.

Wenn Ihr Garten klein ist und solche Aufteilungen nicht ermöglicht, konzentrieren Sie sich darauf, ihn für Erwachsene attraktiv und dennoch kinderfreundlich zu gestalten. Ein Grundstück wirkt sofort einheitlich, wenn

VORHERIGE SEITE: **In einem großen, kinderfreundlichen Garten sollte es etwas zum Klettern geben einen stillen Bereich zum Malen oder Essen und ein Stück Rasen zum Herumlaufen. In einem entsprechend bepflanzten Garten müssen Kinder nicht ständig auf kostbare Blumen Acht geben; bringen Sie ihnen bei, die Pflanzen zu respektieren, indem Sie ihnen ein eigenes Stück geben, das sie gestalten können. Planen Sie sowohl sonnige als auch schattige Bereiche ein. Wenn es keinen natürlichen Schatten gibt, stellen Sie einen Sonnenschirm oder ein kleines Zelt auf.**

DIESE UND RECHTE SEITE: **Kinder können Stunden im Wasser spielen, doch sollten sie dabei gut beaufsichtigt sein. Besorgen Sie aufblasbare Boote und Tiere, Flossen und Schnorchel sowie Schwimmreifen für kleinere Kinder.**

überall der gleiche Bodenbelag verlegt wird; Kalkstein, Holzplanken, Bruchsteine und Zement sind gute Lösungen. Opfern Sie den Platz zum Herumlaufen und -toben nicht für Blumenbeete, sondern wählen Sie robuste, immergrüne Sträucher in Kübeln, die nicht nur gut aussehen, sondern auch den ein oder anderen harten Aufprall eines Fußballs aushalten. Feste Oberflächen sind zwar praktisch, aber Kinder freuen sich auch über ein Stückchen weiche Wiese, wo sie sich ausbreiten, herumlümmeln und lesen können. Ein rundes Rasenstück, und sei es auch noch so klein, kann attraktiv aussehen, wenn es mit Platten aus Kalkstein umlegt wird, und bietet genügend Platz, um ein kleines Indianerzelt aufzustellen.

Wenn kleine Kinder Zugang zu Sand und Wasser im Garten haben, sind sie für Stunden beschäftigt. Da es meist nur Sandkästen in grellen Farben zu kaufen gibt, sollten Sie vielleicht selbst einen bauen. Wenn Sie einen kleinen Stadtgarten neu anlegen, können Sie einen Sandkasten in den Boden einlassen. Sorgen Sie jedoch für eine feste Abdeckung, damit der Sand nachts und vor heftigen Regenfällen geschützt ist. Ein für Kinder leicht zu öffnender Wasserhahn im Garten hat den Vorteil, dass sie die kleinen Eimer füllen oder nach Herzenslust die Blumen gießen können. Stellen Sie einen großen Pflanzenkübel unter den Hahn, und die Kinder können ein Bad im Freien genießen, wenn es heiß ist. Aus Sicherheitsgründen sollte ein Fischteich erst angelegt werden, wenn sie größer sind. Aber sie können sich trotzdem an Wasser erfreuen; ein an der Wand angebrachter Brunnen mit Umwälzpumpe sorgt für fließendes, plätscherndes Wasser, und es fließt so nicht in ein für Nichtschwimmer gefährliches Becken.

Draußen zu essen ist aufregend für Kinder und macht auch Erwachsenen Spaß. Wetterfeste Möbel aus Metall oder Holz können das ganze Jahr über draußen bleiben und erleichtern spontane Mahlzeiten im Freien. Sehen Sie sich nach kleinen Ausführungen von Gartenmöbeln aus

» Freunde kommen vorbei, und die Kinder können tun, was sie wollen – ein Pool ist für sie das größte Vergnügen. «

DEB, MUTTER

Teakholz oder Liegestühlen aus bunter Leinwand um. Eine Laube aus Holz, an der üppig blühende Pflanzen oder wilder Wein ranken können, sorgt für ausreichend Schatten. Und ein sommerliches Grillfest mit Familie und Freunden unter diesem Blätterdach ist der Stoff, aus dem die Kindheitserinnerungen sind.

DIESE UND LINKE SEITE:
Statt sich über die Einschränkungen eines kleinen Hofs oder Gartens in der Stadt zu ärgern, suchen Sie lieber nach kreativen Spielmöglichkeiten. Mit Wasserleitung, Planschbecken und Gartenschlauch ist dieses Dach für die dreijährige Teresa an einem heißen Tag ein unwiderstehlicher Ort. Wasserspiele sind preiswert und lustig: Sehen Sie sich nach großen Wasserpistolen oder speziellen Düsen für konventionelle Rasensprenger um. Ein fest installiertes Planschbecken ist besser als eines zum Aufblasen, denn es kann auch als Sandkasten dienen. Wenn der Platz knapp ist, sind zusammenklappbare Mini-Liegestühle, kleine Zelte und aufblasbare Sessel eine gute Lösung.

Fachgeschäfte & Hersteller

Laura Ashley

www.lauraashley.com

Stoffe und Tapeten im
Romantiklook, farblich aufeinander
abgestimmt.

Berlin:
Kurfürstendamm 26
10719 Berlin
Tel: (030) 8 82 62 01

Düsseldorf:
Hunsrückenstraße 43
40213 Düsseldorf
Tel: (0211) 8 64 87 32

Frankfurt:
Goethestraße 3
60313 Frankfurt
Tel: (069) 28 87 91

Hamburg:
Neuer Wall 39
20354 Hamburg
Tel: (040) 37 11 73

Köln:
Hohe Straße 160/168
50667 Köln
Tel: (0221) 2 58 04 70

München:
Sendlingerstraße 17
80331 München
Tel: (089) 2 60 82 24

Stuttgart:
Breitestraße 2
70173 Stuttgart
Tel: (0711) 2 26 10 64

Back in Action

www.backinaction.co.uk
11 Whitcomb Street
London WC2H 7HA
Tel: +44 (020) 79 30 83 09
Kinderstühle und -tische

The Conran Shops

www.conran.com

Hamburg:
Große Elbstraße 68
22767 Hamburg
Tel: (040) 30 62 13 20
Fax: (040) 30 62 13 33

Berlin:
Kantstraße 17
10623 Berlin
Tel: (030) 31 51 53 20
Fax: (040) 31 51 53 10

Düsseldorf:
Grünstraße 15
40212 Düsseldorf
Tel: (0211) 86 22 83 20
Fax: (0211) 86 22 83 10

Damask

www.damask.co.uk
3–4 Broxholme House
New Kings Road
London SW6 4AA
Tel: +44 (020) 77 31 35 53
Bettwäsche und Tagesdecken mit
Applikationen, Blumen- oder
Märchenmotiven.

Designers Guild

www.designersguild.com
Dreimühlenstraße 38a
80469 München
Tel: (089) 2 31 16 20

Designers Guild Bed and Bath

Vertrieb über Fleuresse
www.fleuresse.de
Kirchbergstraße 23
86157 Augsburg
Tel: (0821) 52 10 0
Fax: (0821) 5 21 03 79

Grüne Erde

www.grueneerde.at
Innstraße 51
84353 Simbach/Inn
Tel: (08571) 9 10 30
Dekostoffe und Bettwäsche,
Kinderbetten mit
Umbaumöglichkeiten und Möbel
aus natürlichen Materialien.

Habitat

Schadow Arkaden Berliner Allee
40212 Düsseldorf
Tel: (0211) 86 50 90
Fax: (0211) 13 50 14
Kindermöbel extra im Katalog
aufgeführt, erhältlich unter:
www.habitat.net

The Holding Company

www.theholdingcompany.co.uk
241–245 Kings Road
London SW3 5EL
Tel: +44 (020) 76 10 91 60
Aufbewahrungssyteme, Sisal-
Körbe, Plastikboxen, Rucksäcke.

Hülsta

www.huelsta.de
Postfach 1212
48693 Stadtlohn
Tel: (02563) 86 12 73
Fax: (02563) 86 14 00
Stabile Kindermöbel

IKEA

www.ikea.de
Tel: (0180) 5 35 34 35
Fax: (0180) 5 35 34 36

The Iron Bed Company

www.ironbed.de
Hochstraße 15
60313 Frankfurt/Main
Tel: (01805) 4 76 62 33
Fax: (069) 13 38 77 17
Kinderbetten und -bettwäsche.

Kindershop

www.kinderausstattungen.de
Guttenbergstraße 5
95352 Marktleugast
Tel: (09255) 17 00
Fax: (09255) 96 31 82

Mathmos

www.mathmos.co.uk
20 Old Street
London EC1V 9AP
Tel: +44 (020) 75 49 27 00
Zeitgemäße Beleuchtungen,
Lavalampen.

Next Home

www.next.co.uk

Tel: +44 (0845) 6 00 70 00

Metallbetten, ausgefallene Bettbezüge, Duschvorhänge und Aufbewahrungssysteme.

Oreka Kids

Tel: +44 (020) 88 84 34 35

Herstellung und Vertrieb von Kindermöbeln, u. a. Klapptische, Regale und Garderoben.

Pipe Dreams

www.pipedreams.co.uk

72 Gloucester Road

London SW7 4QT

Tel: +44 (020) 72 25 39 78

Toiletten und Waschbecken in Kindergröße in jeder Ausführung (z.B. mit Glitzereffekten).

Purves & Purves

www.purves.co.uk

80–81 Tottenham Court Road

London W1P 9HD

Tel: +44 (020) 75 80 82 23

Rahmenbetten, ungewöhnliches Holzspielzeug, Beleuchtungen.

Stokke GmbH

www.stokke.com

Ziegelstraße 20–24

71063 Sindelfingen

Tel: (07031) 61 15 80

Fax: (07031) 6 11 58 60

Der unverwüstliche Kinderstuhl und andere Kindermöbel.

Storchenmühle

www.storchenmuehle.de

Guttenbergstraße 14

95352 Marktleugast

Tel: (09255) 77–0

Fax: (09255) 77 13

Tartine & Chocolat

Kurfürstendamm 55

10707 Berlin

Tel: (030) 88 68 06 45

Französischer Chic für Babys und Kinder bis 16. Dazu Möbel, Spielzeug und Heimtextilien.

Urchin

www.urchin.co.uk

Tel: +44 (01672) 8728 72

Praktische und moderne Möbel, Zubehör und Spielzeug für Babys und Kinder.

Vibel – L'architecte de l'enfant

Kinderzimmer zum Spielen, Lernen, Träumen

Köln:

Hohenstaufenring 42

50674 Köln

Tel: (0221) 2 40 34 00

Düsseldorf:

Graf-Adolf-Straße 70

40210 Düsseldorf

Tel. (0211) 35 03 14

Stuttgart:

Christophstraße 11/ Eberhardpassagen

70178 Stuttgart

Tel: (0711) 24 09 12

The White Company

www.thewhiteco.com

Tel: +44 (0870) 1 60 16 10

Bettbezüge aus bestickter weißer Baumwolle, Gingham- und Wolldecken sowie Handtücher, Schlafanzüge und Schuhe.

Woodland Kindermöbel GmbH

www.woodland.de

Rostocker Straße 14

41540 Dormagen

Tel: (02133) 24 82 10

Fax: (02133) 24 82 17

Möbel, insbesondere Hochbetten mit allen möglichen Zubehör, z.B. Murmelbahn und Kaufladen

VERSANDKATALOGE

Alice Hart & Company

www.alicehart.co.uk

PO Box 176

Beckenham

Kent BR3 6ZG

Tel: +44 (020) 86 63 12 48

Pashmina- und Wolldecken, einfache Holzmöbel, Schlafanzüge und Geschenke.

Car Selbstbaumöbel

Ellerbrookskamp

22397 Hamburg

Tel: (040) 6 05 00 71

Fax: (040) 6 05 49 36

Kinderstühle und -betten, Ritterburgen und Kaufmannsläden.

The Cross

www.thecrosscatalogue.com

141 Portland Road

London W11 4LR

Tel: +44 (020) 77 27 67 60

Moderne Accessoires, chinesische Lampions, Seifen sowie Kissen mit eingestickten Monogrammen.

Eltern für Eltern

www.spielbetten.de

Elsternweg 44

85757 Karlsfeld

Tel: (08131) 9 73 52

Fax: (08131) 5 76 15

Spiel- und Abenteuerbetten.

Jako-o

www.jako-o.de

Werner-von-Siemens-Str. 23

96476 Rodach

Tel: (01805) 24 68 10

Fax: (09564) 92 96 75 00

Löwe Versandhandel

www.loewenatur.de

Forstweg 1

29568 Wiersen/Bollensen

Tel: (05825) 80 26

Fax: (05825) 80 36

Kindermöbel und -spielzeug, Hängematten.

Lundia

www.lundia.de

Homepage mit Händlerverzeichnis Regalsysteme aus Fichte zum Großwerden.

Mothercare

www.mothercare.com

Bunte Stoff- und Wolldecken, Bettbezüge und Möbel.

10

Abbildungsnachweis

Wenn nicht anders erwähnt, stammen alle Fotografien von Debi Treloar.
Abkürzugen: l. links, r. rechts, u. unten, o. oben, M. Mitte.

2 Eine Londoner Wohnung, Malin Iovino Design; 3 Vincent und Frieda Plasschaerts Haus in Brügge, Belgien; 5 Haus der Familie Boyes in London, Circus Architects; 12–13 Victoria Andreaes Haus in London; 14–15 Ab Rogers und Sophie Braimbridges Haus, London, eingerichtet von Richard Rogers für seine Mutter. Möbeldesign von KRD–Kitchen Rogers Design; 16–17 Sophie Eadies Haus in London; 18–19 Rudi, Melissa und Archie Thackrys Haus in London; 20 o. l. und u. r. Eine Londoner Wohnung, Malin Iovino Design; 20 u. l. Design Sage Wimer Coombe Architects, New York; 21 Plasschaerts Haus in Brügge; 24–25 Julia und David O'Driscolls Haus in London; 26–27 Ben Johns und Deb Waterman Johns Haus in Georgetown; 28–29 Michele Johnsons Londoner Haus, eingerichtet von Nico Rensch Architeam; 30–31 Loft der Familie Zwirner in New York; 34–35 Design Sage Wimer Coombe Architects, New York; 36–37 Das Londoner Haus der Familie Boyes, Design von Circus Architects; 38 Design Sage Wimer Coombe Architects, New York; 42–47 Victoria Andreaes Haus in London; 48–49 Sera Hersham-Loftus Haus in London; 50 l. Suzanne und Christopher Sharps Haus in London; 50 r.–51 Zwirner–Loft in New York; 53–55 Sudi Pigotts Haus in London; 56 Elizabeth Alford und Michael Youngs Loft in New York; 57 Sophie Eadies Haus in London; 58–59 Julia und David O'Driscolls Haus in London; 62–65 Eben und Nica Coopers Schlafzimmer, das Spielzimmer; 67 Sue und Lars-Christian Brasks Haus in London, Susie Atkinson Design; 68–69 Pear Tree Cottage, Somerset, Wandgemälde von Bruce Munro; 70–71 Suzanne und Christopher Sharps Haus in London; 72 und 73 u. r. Eine Wohnung in New York, Design Steven Learner Studio; 73 o. l. und o. r. Haus der Familie Plasschaert in Brügge; 74–75 Haus von Ben John und Deb Waterman John in Georgetown; 78–79 Plasschaerts Haus in Brügge; 80 u. l. Sophie Eadies Haus in London; 80 u. M. David und Macarena Wheldons Haus in London, Design Fiona McLean; 80 u. r. Sera Hersham-Loftus Haus in London; 81 u. l. und u. r. Ben Johns und Deb Waterman Johns Haus in Georgetown; 84 l. Ab Rogers und Sophie Braimbridges Haus, London, eingerichtet von Richard Rogers für seine Mutter. Möbeldesign KRD–Kitchen Rogers Design; 84 u. r. Design Ash Sakula Architects; 85 Eine Wohnung in New York, Design Steven Learner Studio; 86 Sudi Pigotts Haus in London; 87 Ben Johns und Deb Waterman Johns Haus in Georgetown; 88–89 Fotografie Caroline Arber/Archie & Pink, London, Loft Design Will White; 90–91 David und Macerena Wheldons Haus in London, Design Fiona McLean; 92–93 Vincent und Frieda Plasschaerts Haus in Brügge; 94 o. l. Design Ash Sakula Architects; 94 u. Eine Londoner Wohnung, Malin Iovino Design; 95 Ben Johns und Deb Waterman Johns Haus in Georgetown; 96 Eine Londoner Wohnung, Malin Iovino Design; 96 Belén Moneo und Jeff Brocks Wohnung in New York, Design Moneo Brock Studio; 96 o. r. Ben Johns und Deb Waterman Johns Haus in Georgetown; 97 Elizabeth Alford und Michael Youngs Loft in New York; 97 o. l. und o. r. Eine Londoner Wohnung, Malin Iovino Design; 98–99 Hans und Lena Blombergs Haus, Design Orefelt Associates; 100 o. l. Eine Londoner Wohnung, Malin Iovino Design; 100 o. r. Vincent und Frieda Plasschaerts Haus in Brügge; 100 u. l. Eine Wohnung in New York, Design Steven Learner Studio; 100 u. r. Eben und Nica Coopers Schlafzimmer und das Spielzimmer; 101 o. l. Ab Rogers und Sophie Braimbridges Haus, London, eingerichtet von Richard Rogers für seine Mutter. Möbel von KRD–Kitchen Rogers Design; 102–103 Zwirner-Loft in New York; 106–107 Design Ash Sakula Architects; 108 l. Victoria Andreaes Haus in London; 108 r. Sophie Eadies Haus in London; 109 l. David und Macarena Wheldons Haus in London, Design Fiona McLean; 109 r. Zwirner-Loft in New York; 112 l. Victoria Andreaes Haus in London; 112 r. Zwirner-Loft in New York; 113 l. und r. Design Sage Wimer Coombe Architects, New York; 116 und 117 o. r. Belén Moneo und Jeff Brocks Apartment in New York, Design Moneo Brock Studio; 117 u. l. Design Ash Sakula; 120 David und Macarena Wheldons Haus in London, Design Fiona McLean; 121 Design Sage Wimer Coombe Architects, New York; 122 o. r. und u., 123 Victoria Andreaes Haus in London; 126–127 Michele Johnsons Haus in London, Design Nico Rensch Architeam; 128 l. Ben Johns und Deb Waterman Johns Haus in Georgetown; 128 r. Victoria Andreaes Haus in London; 129 Charlotte Croslands Haus in London; 130–131 Spielhaus von Dan Levy; 133 Sarah Gredleys Haus in London, Baumhaus entworfen von Kim Woolfe-Murray; 134–135 Ben Johns und Deb Waterman Johns Haus in Georgetown.

Architekten & Designer

Elizabeth Alford Design

60 Thomas Street

New York

NY 10013

USA

Tel: +1 (212) 3 85 21 85

Fax: +1 (212) 3 85 21 86

e-mail: esa799@banet.net

S. 56; 97 (große Abb.)

Ash Sakula Architects

38 Mount Pleasant

London WC1X OAN

Tel: +44 (020) 78 37 97 35

www.ashsak.demon.co.uk

84 u. r.; 94 o. l.; 106–107;

117 u. l. und u. r.

Circus Architects

1a Summer's Street

London EC1R 5BD

Tel: +44 (020) 78 33 19 99

Fax:+44 (020) 78 33 18 88

S. 5; 36–37

Charlotte Crosland

Wingrave Crosland Interiors

Tel: +44 (020) 89 60 94 42

Fax: +44 (020) 89 60 97 14

S. 129

Malin Iovino Design

Tel: +44 (020) 72 52 35 42

Fax: +44 (020) 72 52 35 42

e-mail: iovino@btinternet.com

S. 2; 20 o. l. und u. r.; 94 u.;

96 (große Abb.); 97 o. l. und

o. r.; 100 o. l.

KRD–Kitchen Rogers Design

Tel: +44 (020) 89 44 70 88

e-mail: ab@krd.demon.co.uk

S. 14–15; 84 l.; 101 o. l.

Dan Levy

Künstler / Holzbearbeitung

34 Summerfield Ave

London NW6 6JY

Tel: +44 (020) 89 69 84 28

S. 130–131

Fiona McLean

McLean Quinlan Architects

Tel: +44 (020) 87 67 16 33

S. 80 u. M.; 90–91; 109 l.;

120

Jeff Brock and Belén Moneo

Moneo Brock Studio

371 Broadway, 2nd floor

New York

NY 10013

USA

Tel: +1 (212) 62 50 30 8

Fax: +1 (212) 6 25 03 09

96 o. M. r., l. M. und l. u.; 116

und 117 o. r.

Bruce Munro

Wandmalerei

Tel: +44 (174) 9 81 38 98

Fax: +44 (174) 9 81 35 15

e-mail:

brucemunro@freenet.co.uk

S. 68–69

Nico Rensch Architeam

Tel: +44 (411) 41 28 98

S. 28–29; 126–127

Orefelt Associates

4 Portobello Studios

5 Haydens Place

London W11 1LY

Tel: +44 (207) 2 43 31 81

Fax: +44 (207) 7 92 1126

e-mail: orefelt@msn.com

S. 98–99

Sage Wimer Coombe Architects

480 Canal Street

New York

NY 10013

USA

Tel: +1 (212) 2 26 96 00

Fax: +1 (212) 2 26 84 56

S. 20 u. l.; 34–35; 38; 113 l.

und r.; 121

Susie Atkinson Design

Tel: +44 (468) 81 41 34

S. 67

Steven Learner Studio

307 Seventh Avenue

New York

NY 10001

USA

Tel: +1 (212) 7 41 85 83

Fax: +1 (212) 7 41 21 80

www.stevenlearnerstudio.com

S. 72; 73 u. r.; 85; 100 u. l.

Kim Woolfe-Murray

Urban & Country Tree Houses

34 North Junction Road

Edinburgh

EH6 6HP

Tel: +44 (131) 5 53 55 54

S. 133 (große Abb.), o. M., M.

r. und u. r.

Will White Design

326 Portobello Road

London W10 5RU

Tel.+44 (020) 89 64 80 52

Fax: +44 (020)89 64 80 50

e-mail:

willwhite.design@virgin.net

S. 88–89

Register

Dank

Ich danke Anne Ryland, deren Augen aufleuchteten, als ich ihr zum ersten Mal von der Idee erzählte, ein Buch über *Kinderzimmer* zu schreiben.

Mein Dank gilt auch Debi Treloar für ihre grenzenlose Energie, ihre unglaubliche Geduld mit Kindern und die wunderbaren Fotos; Louise Leffler für ihre kreativen Ideen; Kate Brunt für die fantastischen Locations und Gabriella Le Grazie für ihre Sorgfalt. Alison Starling und Annabel Morgan sei für ihre gewissenhafte redaktionelle Arbeit gedankt.

Danke auch all den Eltern, die uns so freundlich in ihrem privaten Familienreich empfangen haben, und allen Kindern, die wir fotografiert haben. Es war eine Ehre, Eure Schlafzimmer zu sehen, Jungs und Mädchen – ich hoffe, wir haben nicht zu viel aufgeräumt!

Ich danke Anthony, Cicely und Felix; unser Familienleben hat mich zu diesem Buch inspiriert. Und ich danke meinen Eltern Harry und Ann, die großzügig meine Neigung zum Dekorieren förderten und mich schon in sehr zartem Alter mein eigenes Zimmer gestalten ließen.